青少年思辨课

[马来西亚] 胡渐彪 著

ARCTIME 时代出版
时代出版传媒股份有限公司
安徽文艺出版社

图书在版编目（CIP）数据

青少年思辨课 /（马来）胡渐彪著 . -- 合肥 : 安徽文艺出版社 , 2025. 1. -- ISBN 978-7-5396-8049-1

Ⅰ . B80-49

中国国家版本馆 CIP 数据核字第 20241KF101 号

青少年思辨课

QINGSHAONIAN SIBIAN KE

出 版 人：姚 巍　　出版统筹：姜婧婧

责任编辑：卢嘉洋　　封面设计：小 鹿

出版发行：安徽文艺出版社　www.awpub.com

地 址：合肥市翡翠路 1118 号　邮政编码：230071

营 销 部：（0551）63533889

印 制：河北鹏润印刷有限公司　（010）56330769

开本：880 × 1230　1/32　印张：7.5　字数：156 千字

版次：2025 年 1 月第 1 版

印次：2025 年 1 月第 1 次印刷

定价：59.80 元

献给勇于让自己成长的你

序言

我们为什么要学思辨力？

在教育的广阔天地中，长久以来，我一直在深思一个问题：在我们的青少年教育体系中，究竟缺少了什么至关重要的元素？我真心认为是：思辨教育。

许多了解我的朋友可能都是通过辩论认识我的。无论是最初在 2001 年参加中国中央电视台举办的国际大专辩论会，还是后来的综艺节目《奇葩说》，在大家的眼中，我都是一名技艺娴熟的辩手。借由辩论，我走入大众的视野，而辩论带给我的，远不止赛场上的荣耀。它赋予了我一种力量——思辨与表达的能力，这股力量伴随我穿越了多个不同领域的行业，并幸运地留下了还算称得上精彩的经历。

在职场摸爬滚打多年，我非常清楚地知道，思辨表达能力对于职场人来说非常重要。这是因为，思辨能力所对应的，就是解决问题和权衡利弊并做出决策的能力，表达能力则是与人沟通并协作的能力。你的岗位越重要，对这两个能力的要求也就越高。你的思辨表达能力越强，自然得到岗位晋升和展示自我的机会越多。然而，非常多的职场人，最缺乏的也正是这个能力。

因此，来到《奇葩说》之后，我就一直在思考：我们这么多人都受益于辩论带给我们的思辨能力，那么为什么不想办法把这些能力教给更多的人呢？

于是，我开设了相关课程，培训了很多企业高管和知名公司的创始人。从他们身上，我越来越确认，思辨能力就是我们的学校未教但人生必修的能力。

同时，我的脑海也浮现出另一个问题：思辨能力，一定要等到成年之后，才能够去学习吗？思辨能力，只对成年人有用吗？

不得不承认，在中国的学校教育中，孩子更多扮演的是识记知识的角色，他们很少被训练主动思考、创造和选择的能力。这就导致，很多孩子会做题，却不会解决实际问题；会考试，却不懂得规划自己的人生。

所以我认为，思辨能力孩子能学，孩子也得学。

这正是这本书产生的机缘。你可以把它当成思辨课程的配套教材，也可以作为拓展认知的训练手册。

在这一本《青少年思辨课》中，一共分为五大板块：从自我探索到社会洞察，从信息素养到决策与判断，最终拥抱成长与挑战。每一个人自内而外，从身边事到天下事的方方面面，我都试图给出一些有见地的理论与观点。

但也请你放心，在每一节的知识中，我都会以最有趣的故事来拓展认知，让你在趣味中获得启发。请相信，思辨绝非枯燥无味的背诵，它实际上是一场充满乐趣的智慧游戏。

在阅读本书的时候，也请你保持着“好读书不求甚解，每有会意便欣然忘食”的心态，书中的每一个篇章都是独立的，你大可以根据兴趣决定读书的方法。你既可以从头到尾按顺序阅读，也可以根据喜好，先读你最感兴趣的章节。总之，我希望你用一种最松弛的姿态来体会思辨的魅力。

当然，如果你已步入职场，但是思辨力是你青少年求索时期缺失的一课，也欢迎你借由这本书，来拓展认知，激发思考。

希望这本书能够给你打开一扇门，看到这个世界中的趣味，体会到思考的乐趣。让我们携手启程，通过这本书的引导，探索思辨的无限可能，开启一段启迪心智、丰富灵魂的旅程。

目录

第一章 自我探索

第二章　社会洞察

第三章 信息素养

第四章 决策与判断

第五章 成长与挑战

第一章

自我探索

“了解你自己！”

这句箴言刻在德尔菲神庙上，也是苏格拉底哲学的核心。但自我探索真的有必要吗？难道我们不是已经足够了解自己了吗？

然而，我们常听到这样一句老话：“了解他人是智慧，了解自己才是明智。”但为何我们有时会失去自知之明？我们对自己有哪些常见的误解？

在这一章，让我们跟随心理学家的脚步，深入探讨这一问题。

01 透明度错觉：揭秘他人与我的心理距离

我明明都说得这么清楚了，他怎么还是听不懂呢?

心理学上有个概念，叫“透明度错觉”。如果了解这个概念，你就可以明白，为什么你觉得自己好像表达清楚了某件事情或者感受，但别人还是觉得没听懂。

在介绍这个概念之前，我们先来设想一个游戏场景——你用手敲出“祝你生日快乐”的节奏，看看朋友能不能猜出来你敲的是什么歌。

他是轻而易举地就猜了出来，还是觉得这节奏乱七八糟的，听都没听过？实际上，你会觉得这首歌真的是太简单了，一听就懂，你的朋友可能却是一头雾水，完全听不出来这是什么。科学家还做过实验，发现能够仅仅凭借节奏就猜出歌曲的概率不到3%。

或许在开始阶段，你会觉得这首歌超简单，认为所有人都应该猜得出来，而结果事与愿违，这究竟是为什么呢？这就涉及本小节要介绍的“透明度错觉”。

这个概念说的是，我们常常会高估别人对我们的了解程度，觉得别人是可以把我们看穿，完全了解我的想法的，但这只是一种错觉而已。

换句话讲，我们误以为自己是一个透明的容器，内心有什么想法，别人都可以一览无遗，但其实别人可能根本搞不清楚你的想法。

就像我们刚才设想的玩节奏实验，你不自觉地认为你的行为是透明的，别人应该能听出来你心里想的是《生日快乐》这首歌曲，所以当别人说不知道的时候，你会显得非常惊讶。

其实，在我们的生活中，很多时候都会不自觉地陷入透明度错觉之中。比如在点外卖的时候，外卖员可能会打电话过来问："你家到底怎么走啊？"你就告诉他先往这边走，再往那边走，然后就到了。尽管你觉得自己解释得很清楚了，但外卖员还是一头雾水，会反复跟你确认。

你家到底怎么走啊?

这就是因为，你陷入了透明度错觉，觉得这个路线太简单了，而且自己用词那么精准，外卖员怎么还会听不懂呢？可实际上，这条路线对于外卖员而言依然是模模糊糊的。

这种透明度错觉不仅仅发生在表达方面，在感受上，我们也常常会有类似的状况。

美国的康奈尔大学曾经做过一次实验，他们请两位同学为一组轮流来进行演讲，再请演讲者本人和听众，同时给演讲者的紧张程度打分。

你猜结果怎么样？演讲者平均给自己的紧张程度打出了6.6的高分，他们觉得自己当时都紧张成那个样子了，肯定会被听众看穿。而且等下公布听众分数的时候，肯定比自己打的分还要高！

可结果恰恰相反，听众仅仅给演讲者的紧张程度打了5.2分。演讲者以为听众都有一双火眼金睛，能够准确洞察自己在台上那汹涌澎湃的内心状态。实际上，只是演讲者把自己透明化了而已。对听众而言，他们很难准确捕捉演讲者真实的内心状态。

大家都看出来我太紧张了吧？

现在你大概已经明白了吧！在透明度错觉的影响下，我们经常会觉得别人理所当然地了解我们，但其实并没有。比如你在学校遭遇了一些不开心的事情，回到家里之后闷闷不乐，你以为父母能够感受到你的情绪，过来安慰你，但是他们通常都没办法准确地理解你。这时，你是不是就觉得特别委屈？所以现在你就知道了，发生这种情况的原因在于你出现了自我透明的错觉。

我再来举一个生活中很可能会发生的案例吧，或许类似的事情就曾在你身边发生过。

某天，班上组织了一次小组项目，大家需要一起完成一个科学实验。小明负责记录数据，但他感觉有点累，不太想继续做下去。在实验开始之前，他小声说了一句："感觉事情好多啊！"他心里其实希望的是其他组员能注意到他的疲劳，并主动提出帮忙。

小明觉得自己的疲劳已经表现得很明显了，其他组员应该能看出来。但实际上，其他组员并没有注意到小明的疲劳，他们只是觉得小明今天吐槽了一句"做事有些慢"而已。

最后，小明有些生气地对组员说："你们怎么没看出来我累了？为什么不主动帮我分担一下工作？"组员们听了都很惊讶，他们根本不知道小明累了，更不知道他希望有人帮忙。

现在我们明白，小明高估了别人对他内心想法的了解。他觉得自己的疲劳很明显，但实际上，其他人并没有注意到。这就是自我透明度错觉：我们以为别人能读懂我们的内心，但事实并非如此。

这也提醒我们，跟人沟通的时候，要尽量从对方的角度来想问题，多问一问自己，他可能会有哪里听不懂？我要怎么更清楚地表达自己想说的内容，才能避免误会，让他真正地理解我呢？

在表达类似的感受时，不妨试试使用这个公式：

我因为（客观事件），而感受到（情绪），我希望你可以（具体需求）。

例如，你希望队友帮忙，你可以这么说：

我因为今天身体不太舒服（客观事件），感觉特别疲惫（情绪），我希望你们可以帮我分担一些工作，可以吗（具体需求）？

当你愿意这样去多想一想，打磨自己的表述时，不仅可以有效地避免陷入透明度错觉，还能够帮助你学着去了解他人，换位思考。养成这个习惯后，相信你与人的沟通和交流能够更顺畅、更高效。

课程回顾 透明度错觉

透明度错觉（Illusion of Transparency）是一种认知偏差的概念，由心理学家托马斯·吉洛维奇（Thomas D. Gilovich）等人于20世纪末提出，并发表了论文《透明度错觉》（“The Illusion of Transparency: Biased Assessments of Others' Ability to Read One's Emotional States”）。

透明度错觉的意思是，个体会认为自己隐藏的情绪一经展现便会被他人发现，实际上，他人却可能完全感知不到。也就是说，当人们想要向他人传递某些信息，或者隐藏自身内部状态时，往往倾向于高估他人对自己内心想法的洞察水平。

这种高估自己的个人心理状态被他人知晓程度的倾向又被称为被洞悉错觉。这种错觉，就类似于让我们生活在一个透明的鱼缸中的那种状态，我们会觉得自己的情感对于他人来说很容易被看透，但实际上完全不是。

托马斯·吉洛维奇和肯尼斯·萨维斯基（Kenneth Savitsky）于1998年开始对透明度错觉的概念进行相关实验验证，其中就包括敲节奏猜歌曲，以及谎言识别测试。实验结果表明，人们认为参与者能猜出50%的歌曲，最后只猜出了3%；而在谎言识别测试里，48.8%的观察者认为自己能够准确地判断出谁是说谎者，最终这个比例却只有25.6%。

课后练习

学完了本节的课程，你可以思考这样一个问题，看看你是不是真正掌握了这个知识：如果你在学校受了委屈而不开心，回到家之后非常想要得到父母的安慰，那么你该怎样做，才能让他们明白你的感受，给你安慰呢？

我都说得这么清楚了，她怎么还是不懂呢？

02 巴纳姆效应：性格测试真的靠谱吗？

网络上性格测试的结果，为什么总是这么准啊？

在我们的朋友圈里，总会有不少人分享各种性格测试，大家也总是忍不住测一测自己的性格。我最近读了一本最新的星座性格分析书，很多人看过都觉得挺准的，我来分享其中的一些内容。

正在阅读本书的你们，有没有狮子座的人呢？我来告诉你，你的性格是这样的：

你其实是一个很重感情的人，只是有时会因为怕受伤而伪装自己，故作坚强，嘴硬心软。你很多时候说话都会照顾别人的感受，但有些时候也会显得很尖锐、直接。虽然你的直接会伤害到别人，但你也会感到非常内疚，十分难过。

各位狮子座的同学，听完这段性格分析之后，你觉得说得对吗？是不是感觉还挺准的？

现在，我想再问一问不是狮子座的同学们，如果我用同样的话来形容你们，你们觉得准确吗？是不是好像用这段话来形容你们也可以啊？为什么会这样呢？

其实，我说的那本星座性格分析书根本就不存在，刚才这段分析也是我随便编的。可是为什么我们听到这段分析之后，还是会觉得好像这段话分析得很好呢？

著名的心理学家伯特伦·福勒（Bertram Forer）也研究过

这个问题。他曾经做过一次实验，把类似的这种性格分析发给了许多参与实验的学生，并且让他们对这一份性格分析的准确性进行打分。结果是，在满分是 5 分的情况下，学生们给出的分数的平均分高达 4.26 分。

分析得和我太像了！

事实上，这些学生的性格、价值观、爱好等等，都各不相同，但是他们竟然都认为，这份性格分析是相当准确的，这到底是为什么呢？

福勒教授告诉我们，造成这个现象的原因就藏在这份性格分析的遣词造句当中。这段性格评价中所给出的描述具有两个特点：第一，它很空泛；第二，它充满了正面评价。

当我们听到这样的描述时，就会将其当成为自己量身定做的准确评价。这种心理效应，被福勒教授称为“巴纳姆效应”。符合这种描述方法的句子也被称为“巴纳姆语句”。

我们不妨重新分析一下刚才我给大家的那段性格分析。

在那段分析中，有一句话是这么说的：你很多时候说话都会照顾别人的感受，但有些时候也会显得很尖锐、直接。

我们想想看，这个世界上，有没有人说话从来不照顾别人的感受？大概率没有。那我再问你，这个世界上，有没有人从来没有说话伤害过别人？当然也没有，我们每个人都会有说错话的时候。

所以说，这句话本身，其实就是一句正确的废话，几乎每一个人都符合这样的描述。这就符合了巴纳姆语句的第一条标准：空泛。

接着，我们再来看这句话：虽然你的直接会伤害到别人，但你也会感到非常内疚，十分难过。

这句话乍一听，好像是在指出我们身上的缺点，但略一转念，你就会发现，这句话其实是在夸我们知错能改。

其实这段性格分析从头到尾，都没有负面评价。听到这份分析这样吹捧自己，人们当然就更倾向于认同它。这也就符合了巴纳姆语句的第二条标准：充满正面评价。

听到这里，你应该就能明白什么是巴纳姆效应，也能够明白为什么我给出的那段性格分析听上去好像特别准确了吧？

巴纳姆效应解释了为什么有很多人在请教过算命先生之后，都认为算命先生说得很准，因为那些求助算命的人本身，就有易受暗示的特点。再加上巴纳姆效应的影响，虽然算命先生对每个人说的都是差不多的内容，都是一些笼统的、一般性的概括和描述，可是这些人还是会信以为真。

在心理学上，巴纳姆效应产生的原因被认为是“主观验证”的作用。主观验证能对我们产生影响，主要是因为我们心中想要相信。大部分人更愿意相信让自己看起来更正面和更积极的事情，所以他们会认同自己还有很多未能得到发挥的潜力，以及自己是喜欢独立思考的人之类的描述。此外巴纳姆效应也反映了一种对一般性、非精确描述的高度自我认同趋势。

也就是说，巴纳姆效应更多展现的是一个人的理想自我，而非真实自我。在我们的头脑中,所有关于“我”的东西都非常重要。例如，当你穿了一件某种颜色的衣服，你会发现路上穿同样颜色衣服的人变多了；当你开着一款新车在路上，你会发现同一款车也变多了。这是因为大多数人更愿意相信那些让自己看起来更正面和更积极的事情。根本原因就在于“自我”占据了大脑的判断空间，关注自我而非事实，从而导致了巴纳姆效应的产生。

今天穿红色衣服的人怎么这么多!

不过讲到这里，可能有人会问：性格测试全都是骗人的吗？

这倒也不是。心理学里当然也有严谨的、科学的性格测试，但我们平常接触的测试鱼龙混杂、真假难辨，所以我们才要特别擦亮眼睛，不要被一些不靠谱的测试，或者一些装神弄鬼的所谓的“大师”给忽悠了。

其实，我们每个人都渴望了解自己，但是相比于做性格测试，更重要的是多与身边的家人、朋友、老师沟通交流，虚心地接纳他们对我们的各种看法和意见。毕竟，身边的人才是真正懂我们的人，他们给我们的意见才是最为珍贵的。

同时，我们也要不断地拓宽自己的知识和视野，培养自己认识客观世界的能力，这样才能避免被那些笼统空洞的巴纳姆语句所迷惑，从而提高自己的判断力。

课程回顾　巴纳姆效应

巴纳姆效应（Barnum Effect），是 1948 年由心理学家伯特伦·福勒通过实验证明的一种心理学现象，也被称为“福勒效应”。

这个概念是指人很容易相信一个笼统的一般性的人格描述，认为它特别适合自己并准确地揭示了自己的人格特点，即使内容空洞。通常表现为一个人如果想要相信一件事，总可以搜集到各种各样支持自己的证据。就算是毫不相干的事情，我们还是可以找到一个逻辑让它符合自己的设想。

在心理学上，巴纳姆效应产生的原因被认为是主观验证的作用。主观验证能对我们产生影响，主要是因为我们心中想要相信。此外，从基因的角度上来看，每个人几乎是一样的，相似的基因造就了相似的大脑，大脑中相似的机制引发每个人的思维，尽管不同的生长环境、不同的文化背景，会对每个人的思维产生影响，但大体上来说，每个人的情感、个性上总有很多共性的东西。

正因如此，你会发现，其实你的大脑并没有你想象中那么聪明、那么客观公正，而是极其容易被诱导，容易受到外界信息的暗示。

聪明的人善于从巴纳姆效应中找到生活的自信。不要将自己禁锢于各种星座性格人际测试的结果中，而是要学会从不断的测试中修正自我评价，不断正确认识自我。

课后练习

学完了本节的课程，我们一起来思考这样一个问题：巴纳姆效应虽然有一定的正面作用，但也会给人们带来一些负面影响。比如，人们容易被一些不切实际的描述所误导，并做出错误的决策。那么，如何应对巴纳姆效应的负面影响呢？

这个性格测试好准!

03 聚光灯效应：学会坦然面对自己的窘态

一出丑就觉得脸丢到全世界去了，这可怎么办呀！

这一节，我要介绍一个心理学的效应，叫作“聚光灯效应”。看完这一章的内容之后，你就会知道，为什么我们在当众出丑之后，特别容易在晚上辗转反侧了。

你还记得上一次当众出丑的时候是什么样的感受吗？我猜你不仅当时觉得非常尴尬，甚至晚上也会彻夜难眠，不停地想着当时的事情。你越想，其实就越加重焦虑，毕竟，当时所有人都看见你出丑了。如果他们将来一直记得这件事，集体嘲笑你，可怎么办呢？

但其实，如果你真的去问周围的朋友可能就会发现，他们早就没有在意你出丑的事情了，对这件事耿耿于怀的只有你自己。因为相比于别人，我们往往更加在意自己所犯过的错误。

那么，为什么我们会这么在意自己所犯过的错误呢？心理学家发现，人们很容易放大自己身上的某些问题，误以为周围的人都会很在意自己的问题。

美国康奈尔大学的教授就做过这样一个实验，他们要求受试者穿上印有过气歌星头像的 T 恤，走进已有五人的房间。研究人员先询问穿 T 恤的受试者，觉得有多少人注意到身上这件有点糗的 T 恤，再去问另外五人是否注意到了 T 恤上的头像。结果显示，

今天真是太丢脸了

受试者觉得有一半以上的人注意到了他的衣服，但是针对其他五人的调查，却只有一人看清楚了 T 恤上是什么图案。

吉洛维奇和萨维斯基由此推论：人们太在乎和自己有关的事物，以为别人的目光都聚集在自己身上，这就是聚光灯效应。

也就是说，我们总觉得好像有一道聚光灯打在自己身上，周围的人都会顺着这道聚光灯，仔仔细细地审视我们的一举一动、一言一行。但实际上，周围的人根本就不会这么做。这个心理学效应，被称为“聚光灯效应”。

在我们日常生活中，聚光灯效应的影响可谓无处不在。

出门吃火锅，不小心把油点溅到了白色的衣服上，于是在回家的路上觉得路过的人都能看到这个油点，自己便一路都在努力遮掩；出门太急忘了洗头，恨不得把头藏到衣服里，觉得别人都在盯着自己的油头看；称了下体重，发现自己重了几斤，焦虑得不行，只敢穿宽松的衣服，生怕别人觉得自己胖……

大家都在看我吧

其实就像我们并不会关注路人的穿着和样貌如何一样，我们大可不必因为脸上的痘痘、体重秤上增长的数字而焦虑，在很多时候，我们只是过于沉浸在只有自己的内心世界里，从而放大了自己的焦虑。

比如，上课时老师提出了一个问题，有些同学明明想到了答案，也很想回答，可偏偏不敢举手。

为什么会这样呢？这其实也是聚光灯效应在作祟。由于我们过度担心别人仔细审视自己的一言一行，所以我们就会特别担心：万一自己站起来了，而没有回答好问题，岂不是要被大家嘲笑吗？

但是我们换位思考想一想，如果是你，班上的同学回答问题时有一点小错误，你真的会很在意吗？毕竟，我们每个人都会犯错误，犯错是一件再正常不过的事情。

那么同样的道理，当你犯错的时候，别人也不会特别在意你的错误。这些担心都是多余的。遗憾的是，很多同学就是因为这份焦虑，变得更加紧张，反而犯下了更多的错误。再到下一次有当众发言的机会时，他们更不敢去争取了。

其实，周围的人并不会因为我们的失败而看不起我们，他们反而会因为我们不怕失败而敬佩我们。

所以，希望下一次你在面对挑战时，可以更加勇敢，不怕失败。

再比如，你要去参加一个重要的聚会，出发之前却总是想象很多消极的、令自己尴尬的场景，结果越发紧张。

这个时候你要明白，人总是倾向于把自己看得很重要。因此，和你一样，别人也几乎把所有的注意力都放在了自己身上，没有人会像你关注自己那样关注你。其实，所有人也都和你一样紧张。当你真正意识到他人并没有那么在意你时，你的社交焦虑就会自然减轻了。

我们如何更好地打破聚光灯效应带给我们的负面影响呢？在这里，我教给你一个小技巧，那就是，收集正面评价。

我们现在明白，聚光灯效应的本质，就是我们把别人的评价想得太负面了，最后“自己吓自己”。因此，如果我们可以多多收集别人对我们的正面评价，就可以打破聚光灯效应带给我们的影响。

但是在这里，我要提醒你，由于聚光灯效应会让我们过度关注自己的错误，因此我们在收集别人的评价时，可能也会下意识地更关注别人的负面评价。

当然，别人给我们的负面评价也是非常重要的，这些评价可以帮助我们改进自我。但是，如果我们的所有注意力都集中在了这些负面评价上，那么我们就会更加害怕自己的失败。这样我们不仅不会有所进步，反而可能会导致自暴自弃的消极行为。

所以，当我们过于害怕自己的失败时，不妨多收集一些旁人的正面评价，以帮助我们更好地树立起自信心，勇敢地面对挑战。

课程回顾 聚光灯效应

聚光灯效应（Spotlight Effect），又称“焦点效应”，是一个社会心理学概念。

1999 年，康奈尔大学心理学教授托马斯·吉洛维奇和美国心理学家肯尼斯·萨维斯基在期刊《心理科学最新指南》(*Current Directions in Psychological Science*）上发表了“聚光灯效应”的实验，验证了人们总认为自己是一切的中心，是所有情境的焦点。

聚光灯效应出现的原因，是我们习惯性地认为自己才是环境的中心，这就使得我们夸大了自己的重要性。对周围的许多人来说，我们的行为究竟如何其实是一件无关紧要的事，因为他们也很有可能认为自己正站在聚光灯之下。人们太习惯于从自己的角度看问题了，因而也就很难准确地判断别人的观点。不少社会心理学家都提议人们要小心这个效应，以减少其对社交的影响。

要克服聚光灯效应，我们要认识到这是一种普遍存在的心理现象，可以通过调整自我认知，帮助自己意识到别人对我们的关注没有想象的那么多，使用如“我能行”“我不差”等积极的自我暗示来增强自信心，通过转移注意力抛弃臆想和假设，通过不断的社交实践积累经验，逐渐增强对社交场合的适应能力和自信心。

课后练习

根据本节学到的知识，你可以回想一个发生在你身上的，且符合聚光灯效应的经历吗？回想起来之后，你可以再思索一番，如果是现在的你再一次面对同样的情况，你会怎么做呢？

好紧张，所有人都在关注我

04 角色效应：如何用“入戏”改变行为

原来只要选对了人设，人人都能自动变优秀！

这一节，我要讲一个著名的心理学实验，希望你可以通过这个实验明白角色身份对于一个人行为的影响。更重要的是，我还要告诉你怎样利用这个心理，来让自己在生活和学习中更加如鱼得水。

1971 年，美国著名行为心理学家菲利普·津巴多（Philip Zimbardo）教授尝试做了一场实验。他在斯坦福大学找来了一群大学生作为志愿者，将他们随机分成两组，一组扮演监狱里面的囚犯,另一组则扮演狱警,让他们体验监狱里面的生活。与此同时，津巴多教授会在旁边观察大家的行为。

实验一开始，扮演囚犯和狱警的大学生们似乎并不适应这个环境，觉得大家都是同学，怎么能对“囚犯”的态度这么凶狠呢？于是，双方都客客气气地和谐共处。可在一周之后，大家逐渐习惯了自己的新身份。这时，一个令人担心的情况出现了：津巴多教授观察到，那些扮演狱警的大学生不再斯斯文文，而是利用自己的职权惩罚“囚犯”，甚至有殴打和克扣食物的举动。

而那些扮演囚犯的大学生，面对“狱警”超出实验尺度的过激行为，竟然忘记了自己原本只是一名志愿者，竟没有做出任何反抗，反而觉得自己就应该接受这样的惩罚。也就是说，两组学生都变成了自己不敢想象的人。看到天之骄子们仅仅因为一个实验，就走到了改变本性的边缘，津巴多教授于心不忍，索性把实验紧急叫停了——这就是著名的斯坦福监狱实验。

我是狱警，我有权惩罚犯人

我是犯人，我应该接受惩罚

或许你会认为：大家明明都是高素质的大学生，为什么在八天的实验中就可以判若两人呢？其实，这就是心理学中的一个很重要的现象：角色影响行为。

无论这个人之前是怎样的个性，但只要接受了自己的新身份，就会不自觉地做出符合这个身份的行为。简单来讲，就是“你觉得自己是什么样的人，就会做出什么样的事”。

有一款极其风靡的桌面社交游戏，你可能早就玩过，名叫“狼人杀”。在这个游戏里，所有参与者都会被随机分配到狼人、神职人员和村民三种身份。狼人属于坏人阵营，他们的胜利条件是杀死所有神职人员或村民；神职人员和村民同属于好人阵营，区别在于神职人员有自己的专属技能，而村民什么技能也没有。

大量的调查数据显示，在游戏中担任狼人角色的参与者往往容易紧张焦虑，生怕自己的发言会暴露自己的身份。即便是那些老玩家，也难免在众目睽睽之下展现自己的“狼面”；有趣的是，那些担任神职人员的参与者往往底气十足，不仅坐得笔直，说话也非常铿锵有力，仿佛自己是天降的正义使者；而除了狼人和神职人员外，扮演平民的玩家往往呈现出一副老好人的姿态，既没有鲜明的个性，也不敢表现出太强的站队倾向。

狼人杀这款社交游戏就很强烈地揭示出一个社会现象：绝大多数人都会根据角色下意识地调整自己的行为。

抛开特定的情景和游戏，在现实世界中人们也是如此。

我们在很小的时候都会和小伙伴玩过家家的游戏，在游戏中如果你分到了爸爸的角色，那就会给自己设计夹着公文包出门上班的情节；如果分到了孩子的角色，那你就会装作写作业的样子。所以，哪怕是小朋友，都知道不同的角色要做不同的事情。

我是孩子，我要学习　　我是爸爸，我上班咯

在大人的世界里就更是如此了。比如说同样是你的父母，在公司身为领导的角色，就要一丝不苟、严肃认真地对待工作，但是回家之后面对孩子，就会自然地变成慈爱的爸爸妈妈，对你充

满温柔和关爱。你看，人们会下意识地调整行为，来适应自己此时此刻的身份。

我们会形容医生是白衣天使，我们从小就被教育遇到危险要找警察，我们都认同法官是大公无私的，我们自然而然地觉得小孩子天真无邪不会说谎……

为什么呢？就是因为角色效应在发生着作用，而角色效应的产生一般都会经历三个过程：

1. 社会和他人对角色的期待；

2. 个人对自己所扮演的角色的认知；

3. 通过具体的角色规范，实现角色期待和角色行为。

比如，一对新人走进婚姻的殿堂，人们从来都是祝福这对新人永结同心、白头偕老，这是对他们的期待；新人有了孩子之后，就会意识到自己不再只是妻子或丈夫，更是孩子的保护伞；而不管是作为妻子还是丈夫，有了一纸婚约，就意味着有了一种约束，这种约束会规范他们的行为，让他们更容易在家庭的幸福里翩翩起舞。

那么，当你了解角色效应后，对自己的生活有什么帮助呢？我来给你一个建议，如果你想让自己在某些方面做得更好，那就先调整自己的角色定位，这样可以辅助和规范你的行为。

比如，在做一些团队合作任务时，如果你把自己的角色视为队伍中的“追随者”，你会有什么样的行为呢？那当然就是下意识地压抑自己的表达欲望，凡事都听别人的安排，宁愿少说少做，也不会多说多做。毕竟，你认定自己的角色只是团队“追随者”。

那么久而久之，你自然就会成为大家眼中一个无足轻重的存在了。

可如果换一种思维角度，你把自己当成是队伍中的“智多星”，一切的重要决策必须由你参与和制定，那么你会怎么做呢？在队伍讨论的时候，你会不会时刻想着，自己有没有更好的点子？某人的提议不太合适，我是否要立即表态否决？很明显，你一定会的，因为角色定位的转变，必然导致思维逻辑和行为模式的转变。当你把自己从“追随者”变成了“智多星”，你就会在不知不觉中提升自己的思考能力和决策能力。

又或者，你干脆把自己转变成队伍中“监督者”的角色，那你又会怎么做呢？你是不是会详细了解队伍的进度，然后想尽办法去发现每一个步骤可能会出现的差错？当然是这样。而且久而久之，你慢慢地会变成队伍中眼光最为犀利的人。

课程回顾 角色效应

角色效应(Role Effect)，心理学术语，是指在现实生活中，人们以不同的社会角色参加活动而引起的心理或行为变化。具体来说，角色效应指的是人们通过“扮演”不同的社会角色来进行活动，这个过程会对其自身的心理状态产生影响，进而带来行为上的变化。比如，工作中的领导者，更有可能因其角色需要而具备自信、果断的性格特征；而工作中的服务者，更有可能因其角色需要而具备温和、热情的性格特征。

角色效应的产生原因是人们对不同角色有其各异的期望和责任感，当人们扮演某种角色时，他们会尽力满足这种角色的期望和责任感，从而表现出相应的行为和态度。

角色效应在日常生活中非常常见，例如在社交场合中，人们会根据自己的社会角色表现出不同的行为和态度，从而获得不同的社会认可和评价；在职业生涯中，人们会根据自己的职业角色表现出不同的行为和态度，从而获得不同的职业成就和发展机会。

我们也要避免角色效应产生的负面影响。我们需要保持客观、理性的态度，不要过于依赖自己的角色和期望，也不要过于关注他人的角色和期望。同时，我们也可以通过不断学习提高自己的能力和素质，来适应不同的角色和环境，并且不断地反思和调整自己的行为。

课后练习

我们一起来思考这样一个问题：有位心理学家通过观察发现，两个同卵双生的女孩，她们的外貌非常相像，生长在同一个家庭中，从小学到中学，直到大学都是在同一个学校同一个班内读书。但是她俩在性格上大不一样：姐姐性格开朗，好交际，待人主动热情，处理问题果断，较早地具备了独立工作的能力；而妹妹遇事缺乏主见，在谈话和回答问题时常常依赖于别人，性格内向，不善交际。结合这节课的内容，请你尝试分析：可能是什么原因造成姐妹俩在性格上有这样大的差异呢？

我是谁，我的职责是什么

05 潘多拉效应：做出属于自己的独立思考

越不让做的事情越是想做，真的是因为我太叛逆吗？

在这一节，我要给你讲一个古希腊的神话故事。看完这个故事，或许你就会明白，为什么别人越不让你干什么，你就越想干什么。

这个神话故事是这样的：相传古希腊有一个女人叫潘多拉，她是大地上出现的第一个女性。为此，有很多的天神给她赠送礼物，诸如美丽、智慧、善良，等等。其中主神宙斯给了潘多拉一个小盒子，并且对她千叮咛、万嘱咐，说无论如何不要打开这个盒子，不然会有不祥的事情发生。

潘多拉很疑惑，但是依然遵照嘱托没有打开盒子。可是，随着时间一天天地过去，她的好奇心与日俱增，内心的迫切和宙斯的嘱托之间开始了反复争斗。终于有一天，她没有经得住诱惑，毅然打开盒子。霎时间，盒子里面盛放的瘟疫、罪恶、战乱等元素纷纷跑到人间，潘多拉就此闯下了大祸。更糟糕的是，人类世界因为她的举动而开始变得动荡不安。

之后，人们就把像潘多拉这种“越被禁止，越是想做”的心理，叫作“潘多拉效应”。其实，潘多拉效应产生的根源，就是我们人类天生的叛逆心理，对于那些别人越不让自己做的事情，我们就越会想：这里面到底蕴藏着什么呢？而越是这么想，就越按捺不住想去尝试的欲望，于是潘多拉效应就这样产生了。

盒子里到底是什么呢?

在学校课间的时候，老师告诉大家：我出去一下，你们不要翻电脑上的幻灯片。那大概率就会有同学上去翻一下，看一眼之后再恢复原状。父母跟你说茶几下面的抽屉别乱动，你就很想趁着他们不在家的时候，看看里面到底装了些什么……你看，这就是潘多拉效应，大多数人是会被好奇心驱使的。这些现象，都是潘多拉效应在现实世界的投射。

这种潘多拉效应在文学艺术作品中也非常常见，比如你听听这样的开头：有个男孩叫小帅，他搬进了新租的房子里，房东告诉小帅，最里面储藏间的门一定不要打开哦。你猜后续的情节会怎么样？当然是小帅抑制不住探索欲，进入了储藏间里，然后故事就可以由此展开了。你看，人们的这种探索欲和叛逆心理的确是很常见的。

说到这里，可能有的同学就要说了：网上不是有句话——好奇害死猫。

这个潘多拉效应，既然是源于人类本性中的叛逆，我们应该怎么面对它呢?

我给你的建议是：认清原因。也就是说，我们在特别想做某件事情之前，一定要好好问自己：我是因为自己真的想做，还是只是为了叛逆别人的指令而想做？如果你是真的喜欢，那就去做，没问题；但如果只是为了和别人对着干，就没必要去赌这口气。

有一位朋友曾给我讲过她和孩子之间的一件事。她家孩子做数学题时，特别不爱用草稿纸，就只用眼睛盯着题看。结果自然是要么很多题出现计算错误，要么很多题一点思路都没有便直接放弃。作为母亲的她发现这个问题后，三令五申，要求孩子做数学题一定要用草稿纸，然而收效甚微，孩子还是我行我素。终于有一次，她没能控制住情绪，和孩子爆发了激烈争吵。气急之下，她甚至把书本全都扔到了地上，这时候，孩子情绪激动地大声喊道：“我知道要用草稿纸，我也可以用草稿纸，但你一直在我耳边说，我就偏不想用！”

你看，这个孩子在决定要不要用草稿纸的时候，没能认清事情该不该做的真正原因，而纯粹是出于叛逆心理，为了对抗妈妈的唠叨，就决定不用草稿纸。这样的决定，对他自己到底有没有好处呢？

你越让我这么做，我越不想这么做！

当然，潘多拉效应除了体现为逆反心理，也体现在人类的好奇心和探索欲上。心理学大量的经典研究表明，探究周围世界的未知事物，是人类普遍的行为反应。我们也可以利用潘多拉效应，来激励青少年的求知欲和探索欲。

相传，“唐宋八大家”中的苏轼和苏辙，小时候非常顽皮，不肯读书。为了引导他们爱上读书，苏洵夫妇不仅晓之以理，喻之以义，而且施之以“魔法”：每当孩子们玩耍嬉戏的时候，他们就躲在旮旯里读书，孩子们一来，他们就故意把书“藏起来”。父母“偷偷摸摸”“神秘兮兮”的举动让孩子们好奇不已。他们猜想父母一定在阅读什么有趣的书。在满怀追根究底的欲念下，他们趁父母不在家时，把父亲藏起来的书“偷”出来读。日复一日，读书竟成了苏轼和苏辙的乐趣。自此二人热爱读书、发奋学习，终于成为著名的文学家。

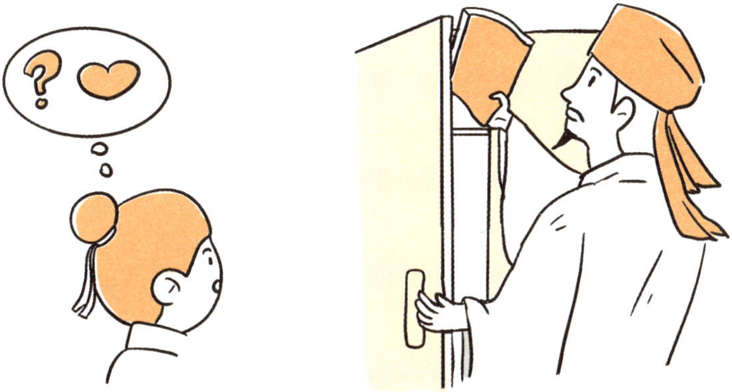

父亲藏起来的书一定很好看

本节，我们通过一个神话故事明白了什么是潘多拉效应，意思是潜藏在人类天性中的好奇和叛逆会驱使我们刻意去做一些别人不让我们做的事。面对这种心理，我们一定要学会区分，并且洞察真正的心理成因：到底是我们真的想去做，还是为了叛逆而刻意去做。同时，了解了这个心理，我们也可以尝试利用潘多拉效应，去激励别人做更多正向的事情。

课程回顾 潘多拉效应

潘多拉效应（Pandora Effect）是一个心理学现象，也叫作“禁果效应”。潘多拉效应表明，人们的好奇心和逆反心理总是驱使他们做一些“别人不让他们做的事情”。

潘多拉效应告诉我们：要求人们做什么或不做什么，必须有相对充分的理由。

根据大英博物馆所藏的一只白底基里克斯杯（古希腊一种双耳浅口的大酒杯），潘多拉的另一个名字是“安妮斯朵拉”（Anesidora），意思为“送上礼物的她”。在神话里，潘多拉打开了一个“盒子”。在现实里，当提到“潘多拉的盒子”，通常是指潘多拉出于好奇而打开了盒子，释放出了人世间的所有邪恶——贪婪、虚伪、诽谤、嫉妒、痛苦等——当她再盖上盒子时，只剩下希望在里面。

关于潘多拉的神话源远流长，以不同的版本出现，并从不同的角度诠释。然而，在所有的文学版本中，此神话都作为自然神学以解释世界上罪恶的存在。

课后练习

学完了本节的课程，我们一起来思考这样一个问题：在你的过往经历中，有没有哪些事，本来是没有必要做的，现在想起来，其实就是因为潘多拉效应，你才去做的呢？

潘多拉效应，越禁止越想做

06 自我服务偏差：懂得客观面对成败

“自我欺骗”，原来是一种保护的本能啊！

在这一节，我会介绍一个著名的心理学概念，叫作“自我服务偏差”。明白了这个概念之后，你就能够理解为什么不同的人看待同一件事情，却会得出不同的原因。

开始之前，我先给你讲一个发生在宋代的故事。

宋代有一个丞相叫作张商英，他平时特别喜欢研习书法。但是，他的书法水平并不太好，写得龙飞凤舞，别人都认不出来到底是什么字。有一次，张商英叫自己的侄子把他写的诗句抄录下来，可是侄子看了半天，只能看懂一个字。万般无奈之下，侄儿只好去问张商英这到底写的是什么。谁知张商英拿起纸端详了很久，也看不出个所以然来，但碍于面子，他不能承认自己写得不好啊，于是，他干脆对侄子怒喝道：“你怎么不早些来问呢？这么迟才来，你看我都忘记了！”

看完这个故事，你是否觉得张商英处事非常滑稽呢？明明是自己字迹潦草，难以辨认，却把责任推给无辜的侄儿。

张商英的行为背后，恰恰就是我今天要说的心理学效应——自我服务偏差。

它的内涵就是：人会按照自己的需要调整事情发生的原因，如果一件事做得很好，那就是自己很厉害；如果一件事没做好呢，那肯定是别人有问题。总之，事情发生的原因会永远服务于自己的需要，核心目的就是让自己心里舒服。

在上面的故事中，张丞相并不是没有方法来缓解自我尴尬：第一种，就是坦率承认这是自己的问题，因为字迹潦草，侄儿才看不懂，这种往自己身上找原因的方式，叫作内部归因；第二种则是把问题发生的原因归到自己之外的客观因素上面，比如，最近手腕受伤导致书写不力，天气变化导致状态起伏，等等，这就叫作外部归因。

明白了这两种不同的归因方式之后，你也就逐渐看清楚了自我服务偏差出现的根源。本质上，这就是我们根据自己的需要随意选择内、外部归因，从而达到心安理得的目的。

这个现象在生活中随处可见，比如，考试之后，某位同学成绩不甚理想，当他拿到卷子的那一刻起，他的内心就会开始波涛汹涌：为什么这次考试卷子出这么难？很多题我都没时间做，要不然也不能分数这么低；为什么这次考试选在这个时候，我都还没有复习好就开考了，这怎么能看出我的真实水平？

看出什么了吗？这位同学要么责怪老师出题太难，要么责怪考试时间安排不合理，唯独不会分析自己的问题，这就是彻头彻尾的外部归因。

为此，我们不妨换一种场景：假如这位同学考得非常好，他还会把自己分数高的原因归结于外部吗？一定不会！他只会美滋滋地在心底赞赏自己的聪明才智、努力学习和优秀的考试策略。他可能会认为自己是一个天才或者是非常勤奋的学习者，因此能够取得如此出色的成绩。至于老师出题如何，考试时间怎么样，统统都不在他的考虑范畴内。

没考好真不是我的问题

我真是个天才！

别看这些例子都是我们生活的常态，但是“自我服务偏差”这个心理，是一定会在你需要总结问题时带来极大阻碍的。因为当你习惯于按照自己的舒适点进行归因，那么你就会失去全面看待问题的能力，错过能够真正解决问题的机会。一味地怨天尤人，只会让自己止步不前。

比如，你去参加一个机器人比赛，结果战绩不佳没有获得名次。这时你心里自然会产生自我服务偏差，你会觉得，一定是因为其他选手请了外援或他们的零件规格比我高，要不我怎么会输呢？反正这次的失利不能怪我……而当你这样外部归因了之后，你不仅没办法改变这些原因，更不知道怎样做才能赢得下次的比赛，那么你在机器人比赛的道路上，就只能裹足不前了。

所以，我们要怎么做，才能避免自我服务偏差的负面影响呢？

我给你一个方法，叫作“全面思考”。什么意思呢？当你遇到一个问题之后，自己脑海中会自然冒出归因。但是，此时先不要着急下定论，而是进行深度思考：这件事情的发生还会有什么原因呢？如果向内归因是什么？向外归因又是什么呢？只有找出这件事的内外部原因，才能做到全面看待问题。

比如，小鹏觉得自己是一个聪明伶俐、活泼开朗又成绩优秀的男孩子，可在最近一次竞选班长的活动中，却输给了平时在同学眼中性格内向，学习成绩又一般的小汪。事后，小鹏非常不解，他装作满不在乎地告诉自己，是同学们嫉妒他所以才不选他做班长。

但是运用全面思考的方法之后，小鹏发现，小汪虽然不爱说话，但他很有责任心，总是默默地无私帮助班级和老师做很多事情，而且他善于站在其他同学的角度思考问题，所以班上的同学都很信赖他。还有最重要的原因，小汪很有组织才能，上次班级参加学校的英语戏剧大赛，就是小汪组织同学们写剧本、排练、演出，最后取得了不错的成绩。再想想自己，平时总是贪玩怕麻烦，连同学请教问题都是匆忙应付了事。这样的“个人英雄”，如何能当班长呢？

这样思考之后，小鹏茅塞顿开，不仅彻底想开了竞选班长失败之事，也知道了自己今后努力的方向。

因此，在面对失败时，我们应该多找找自己内部的原因，看看自己怎么改正才能够吸取教训，获得成长；而在面对成功的时候，千万不要过度夸大自己的优点，要冷静下来，客观、全面地总结经验，这样才能够为下一次的成功蓄力。

课程回顾　自我服务偏差

自我服务偏差（Self-serving Bias），也叫“自我服务偏见”，是一种心理学现象，即人们通常将自己的成功归因于自己的人格特质，而将自己的失败归因于环境影响。

美国著名专栏记者戴夫·巴里（Dave Barry）曾指出：“无论年龄、性别、信仰、经济地位或种族有多么不同，有一件东西是所有人都有的，那就是在每个人的内心深处都相信，我们比普通人要强。”我们也相信我们在多数主观的和令人向往的特质上强于一般人。

根据管理学家加里·约翰斯（Gary Johns）和组织行为学教授艾伦·萨克斯（Alan Saks）的研究，导致自我服务偏差出现的原因主要有两种。第一种，是与认知失调相关的确认偏误、保持主观的自信、维护自身的自尊以及维护社会形象的自利心，导致了自我服务偏差的出现；第二种，是人们通常对自身充满了主观的、偏颇的、扭曲的，乃至于自以为是的了解，且这种了解程度,远远大于人们对环境与跟自身较相关的事物的了解。正是“主观过度了解”和“客观不够了解”之间的偏差，给了形成自我服务偏差的土壤。

课后练习

学完了本节的课程，你不妨来思考这样一个问题：在生活中，你有没有曾经陷入自我服务偏差呢？那么，现在客观地想一想，当时事件中还有哪些原因是被忽略掉的呢？

内部归因和外部归因

第二章

社会洞察

“人人生而自由，却无处不在枷锁之中。”

卢梭所说的“枷锁”，指的是我们所处的社会环境。作为社会性动物，我们每个人的生活都与社会紧密相连，社会的支持对我们至关重要，但社会的复杂性也常常挑战我们的理解。

如何在社会中保持清醒，洞察社会现象背后的本质？在这一章，我们将一起探索如何做到这一点。

07 谣言心理学：如何快速识破一个谣言

为什么那么离谱的谣言，也会有人信?

这一节，我要聊聊一个社会中屡禁不止的现象——谣言。希望通过这节课，你可以明白为什么有那么多人会相信谣言，以及我们又该怎么做，才能保持清醒。

首先我想问同学们一个问题，我们都听过一个说法，金鱼的记忆只有七秒钟，那你知道这是为什么吗?

其实，什么原因都不对，因为金鱼的记忆根本就不是七秒钟!

你们可能会疑惑，我们一直都这样听说的呀，大家都认可的还会错吗?但很可惜，这就是一个流传很广的谣言。

如果你上网搜一搜，就能看到生物学家做过很多关于金鱼记忆时长的实验，结果显示，金鱼能够保存记忆长达三个月呢。在《鱼类认知和行为》这本书中，专家们甚至发现了金鱼可以记得一年之前的喂食训练，准确地找到有食物的喂食管。

这时你可能就很纳闷，金鱼的记忆本身是有科学研究的，那怎么会有这么多人相信谣言宣称的七秒钟记忆呢?其实，谣言能流传开来，是因为它自身有两个特征，使得人们很容易相信并传播：

谣言很会迎合人们的固有看法。因为我们本来就对事物有既定的看法，又希望能有一些证据，来印证自己是对的，所以一旦有了谣言，符合自己的立场或偏好，就很愿意相信并转告别人。

比如金鱼记忆只有七秒钟的谣言就符合了人们固有的认知：金鱼只是用来观赏的小鱼罢了，大脑不会有多发达的，肯定记不住什么东西。所以，也怪不得大家不经查证就能轻易相信。

再比如，你有没有听过喝苏打水能调节人体酸碱平衡度啊？其实这也是个谣言，人体不同部位的酸碱度是靠代谢自动调节的，你喝到胃里的苏打水根本没有办法影响到其他器官，也就不可能起到调节作用。这个谣言同样也是迎合了人们的固有认知，以为喝碱性的苏打水，身体就能跟着变成偏碱性一些，但实际上，这根本不是苏打水能够做到的事。

除此之外，美国有一位心理学家，叫戈登·奥尔波特（Gordon Allport），他是研究谣言的专家，与人合著过一部《谣言心理学》，他还发现谣言有另一个特点，就是会模糊事实，让人无法检验。

之前很多北京长城景区的导游在向游客介绍的时候都会这么说：中国的长城是世界八大奇迹之一，十分雄伟壮观，甚至在月球上看地球，都能看到万里长城！很多人听完之后都觉得很厉害，纷纷去告诉自己的亲戚朋友，说长城真的很壮观，月球上都能看得到。

但这实际上也是个谣言，因为月球和地球之间的距离大概有36万千米，这个距离看长城是什么概念呢？就是让你看70米之外的一根头发丝，你想想，这当然是不可能看得到的。

这个谣言流传甚广就印证了上面说到的第二个特点，难以查证，毕竟去长城参观的游客，不可能亲自去月球上检验一下，看看自己是不是真的能看到长城。

说到这里，那既然谣言这么厉害，我们该怎样分辨谣言呢？

我教你一个口诀，叫“越是惊奇，越是怀疑”。当你听说了一个很简单、很新奇、很耸动的信息时，先不要全盘接受，而是想想看，这种说法有可靠的来源吗？有证据吗？

比如说，你在班级里听到大家都在纷纷议论：“隔壁班小迪啊，这次虽然考了第一名，但他是靠作弊得来的，学校正在考虑给他处分呢，真的好丢人！”

学完了这节课，这时你要怎么做呢？别忘了，“越是惊奇，越是怀疑”。先不要直接相信，更不要去和别的同学传播这个消息。而是自己先想一想：

“小迪是怎么作弊的？谁能证明他作弊了？这个事情我们班的同学又是怎么知道的？……”你可以去问一问正在议论的同学们，如果他们都回答不出来这些问题，那么大概率，这就是一则谣言。你可以选择去把真相调查清楚，当然，你也可以选择更简单的方式——不要再继续传播这则谣言。

儒家代表人物荀子曾经说过：“流言止于智者。”我们要想成为智者，就要学会思辨、勤于思考，认识谣言背后的传播特点，才能时刻保持防备之心，做一个清醒的人。

课程回顾 谣言心理学

谣言是流传中的未经证实、具有工具性意义的信息陈述。它产生于模糊、危险和具有潜在威胁的环境，作用在于帮助人们理解和管理风险。

谣言产生的两个基本条件：第一，信息的主题必须对传谣者和听谣者有某种重要性；第二，真实的信息必须用某种模糊性掩盖起来。

奥尔波特在《谣言心理学》一书中，总结了一个公式：R（谣言）=i（重要性）×a（含糊性），即谣言的传播广度随着相关人员（其实还有事件）的重要性，以及该主题证据的含糊性的变化而变化，并强调后二者是相乘的关系。

谣言传播（歪曲）的基本模式有三种：简化、强化和同化。

简化是指谣言中省略了大量有助于了解事实真相的细节。强化是指当一些细节被删去后，那些保留下来的细节就更为突出、重要。同化是指，简化和强化不会随便产生，而只会在与谣言传播者过去的经验和现在的态度一致的情况下才能产生。

课后练习

学完了本节的课程，我们一起来思考这样一个问题：之前网上有传言说，奶茶店、咖啡店使用的牛奶保质期能长达一年！所以肯定添加了防腐剂，大家可千万不能喝呀！请同学们自己去查一查，看看真相是怎么样的。以及这个谣言是如何符合我们讲到的两个特点，才得以这么广泛地传播呢？

谣言只是看起来像巨无霸

08 羊群效应：学会逃离“人云亦云”的陷阱

大家都是这样做的，所以我也应该照做吗？

社会上有一种普遍现象，叫作“羊群效应”。它还有一个更为人熟知的名字，叫作从众心理。通过了解这个概念，你就能够明白，人为什么会“随大流”，以及我们如何更加理性地做出决策。

羊群效应这个概念，来源于专家们做过的一个实验。他们在一群羊的面前放了一根木棍，小羊要想继续往前走，就必须跳过这根木棍才行。领头的羊为了继续往前去吃草，自然就跳过去了。接着第二只、第三只……都纷纷跳过去了。

这时，专家们把横在前面的那根木棍拿走，按理说，路上没有了障碍，小羊们正常往前走路就好了。但是结果很有趣，后面的羊看到前面的羊走到这里都跳一下，就不假思索地有样学样，哪怕这里并没有任何需要越过的障碍，小羊们也一个接一个地跳，这个场面可以说是非常滑稽了。

羊群效应实验

这个实验放在人类社会中也是一样的，由于人们认为从众能够获取群体安全感，所以不自觉地略过思考过程，选择和大家一样的做法，就像后面跳空气的小羊一样，因此这种现象就被称为“羊群效应”。

日本的一家电视台就曾利用羊群效应，做过一个街头整蛊的节目。主办方安排了一批工作人员在站台等公交车，他们事先商量好，等车来了之后，他们都把鞋子脱掉再上车，看看其他坐公交的乘客会不会也跟着一起做。

这时，来了一个年轻的小伙子，也在等同一班车。车进站之后，电视台工作人员们按照约定好的游戏规则一个个脱鞋上车，装作非常自然的样子。到了那个小伙子上车时，他虽然非常不解，但还是和大家一样，乖乖地脱鞋上车，甚至都没有问问为什么。

你看，我们都以为遇到这种奇怪的事情时，应该先问清楚，再好好想想自己要不要跟着一起脱鞋。但是在现实生活中，人们为了快速合群，获得安全感，几乎不会去思考，觉得和大家一样就一定没问题。

整蛊节目大获成功

其实，不仅是在整蛊节目里，现实生活中，也有很多羊群效应的案例。

比如，因为自媒体平台的崛起，越来越多的地方被反复拍摄、推荐，于是成了网红景点，受到大家热捧。有些地方明明很一般，但是被包装成了网红景点以后，就有无数的人去那里打卡拍照。这几年特别流行的网红店打卡活动也是一样，只要很多人去过这个店，其他人就会觉得不去好像就和大家格格不入。所以就算你不喜欢盲盒，都会觉得看到泡泡玛特的店得进去逛一下；到了长沙，就应该和大家一样买一杯“茶颜悦色”尝尝。

疯狂的网红打卡行为

这种因为他人宣传、热捧而产生的追逐行为，就是羊群效应的典型体现。

再比如，当今网络发达，一旦有什么风吹草动就很容易闹得全网皆知，而这也就导致了网络暴力的泛滥，有不少无辜的人，被网络暴力无端地伤害。可能一开始只是有个别人在牵引舆论走向，但是这种个别现象被发现后，其他人也会纷纷效仿，结果从众者越来越多，导致越来越多完全不知情的人加入，不问青红皂白地跟随大众一起对那个舆论中心的人进行网络暴力。

这种被大众行为牵引着一起进行网络暴力的行为，也是羊群效应的一种体现。

还有，如今许多商家为了挣钱，会找一些明星或网红来代言自己的品牌，并创造出一些“爆款”来吸引人的眼球。这时，这些明星的粉丝和一些比较容易随大流的人就会为此争相进行消费，把所谓“爆款”商品的价格哄抬得很高。当这个“爆款”越来越火爆，火爆到路人皆知的时候，很多路人也就会加入。但很多人买了以后发现，自己并不是多么需要这款商品，并且在热度过后，这款商品的价格也会暴跌。

这种因为看见别人都在追求，所以进行不合理消费的行为，也是羊群效应的典型例子。

那我们怎么避免羊群效应带来的盲目跟风，做出真正理性的决策呢？

我的建议是，当我们有时间去仔细决断时，大家可以先听听多方意见，了解清楚事情的全貌，分析好这件事情的利与弊，然后再作判断。当然，这就需要大家平时要打开眼界、增长见识，才能在做判断的时候有长远的目光。

我们这本书叫作《青少年思辨课》，这个名字中的“思辨”二字，就是打破束缚、不被影响的独立思考方式。所以你会发现，在这本书中，我给大家介绍了一些生活中的误区，甚至是不同学科领域的谬误，就是希望你们能够养成理性、严谨的思考习惯，即便众人皆醉，你也能独醒！

我也希望，可以有越来越多的人能够做到独立地去思考，到那时，我们一个个的人聚在一起就不再是羊群，而是一个充满睿智的群体。

课程回顾　羊群效应

羊群效应（The Effect of Sheep Flock），也称“羊群行为”（Herd Behavior）、“从众心理”。

羊群效应是个人的观念或行为由于真实的或想象的群体的影响或压力，而向与多数人相一致的方向变化的现象。表现为对特定的或临时的情境中的优势观念和行为方式的采纳（随潮），对长期性的占优势地位的观念和行为方式的接受（顺应风俗习惯）。人们会追随大众所同意的，将自己的意见默认否定，且不会从主观上思考事件的意义。

羊群是一种很散乱的组织，平时在一起也是盲目地左冲右撞，但一旦有一只头羊动起来，其他的羊也会不假思索地一哄而上，全然不顾前面可能有狼或者不远处有更好的草。因此，羊群效应就是比喻人都有一种从众心理，从众心理很容易导致盲从，而盲从者往往会陷入骗局或遭遇失败。

经济学里经常用羊群效应来描述经济个体的从众跟风心理，尤其是股票和理财投资领域。此外，社会心理学家还将羊群效应的概念扩大到了人类心理学的领域。

关于羊群行为的形成有以下几种解释：哲学家认为是人类理性的有限性，心理学家认为是人类的从众心理，社会学家认为是人类的集体无意识，而经济学家则从信息不完全、委托代理等角度来解释羊群行为。

课后练习

学完了本节的课程，我们一起来思考这样一个问题：如果你听了我的建议，去独立思考了，但是思考过后的结果还是和大多数人的选择一样，那这算不算没有摆脱羊群效应呢？你如何看待这个结果呢？

独立思考

09 沉默螺旋理论：沉默真的是金吗？

我不说话，难道就代表着默认你的观点吗？

社会学上有一个理论，叫作“沉默螺旋理论”，这一节我们就来探讨沉默现象对舆论形成的影响。读完这一节，你就能够知道，在集体中敢于表达意见有多么重要。

在开始之前，我们一起来设想这样一个场景：今天，你们的班级要一起讨论春游去哪里。一共有两个选项，一个是去山里，一个则是去海边。

山里 vs 海边：沉默不是金

现在，老师在讲台上问，大家有没有什么想法？班长举手发言说，大家很久没有去海边了，所以这次应该去海边。

老师接着问，还有其他人想要表达观点吗？这个时候，学习委员也站起来了，他说，我觉得班长说得很有道理，我也认同去海边。

老师接着问，还有其他同学想要发表看法吗？无人回答。

老师总结道，嗯，看起来，我们全班同学意见一致，都选择要去海边。那么我们这一次就去海边吧！

大家一起想一想，老师得出的这个结论正确吗？现在其实只有两个人说话，全班几十个人，真的都想去海边吗？

你可能会说，当然大家都是想去海边了，不然，怎么没有人发表不同的意见呢？他们沉默，一定代表他们同意这个意见。

真的是这样吗？你有没有试过，在小组讨论的时候，有时虽然你并不同意别人的看法，却没有把你的意见说出来呢？保持沉默就真的等于认同别人的意见吗？

回想一下，为什么我们明明有不同意见，却会保持沉默呢？

不如让我们来想象一下，在刚才的讨论中，如果你就是一个不想去海边，想要去山里，却保持了沉默的人，你为什么会这么做呢？可能有两个理由：

第一个理由，你可能会想，虽然自己并不想去海边，而是想去山里，可是班里应该也会有人这么想吧！那么，我等别人来说就好了，自己何必当这个出头鸟呢？

第二个理由，班长和学习委员都说要去海边，而且没有人说要去山里，这个时候，我要是突然站起来说要去山里，这也太像是在找茬了，这会让我显得很不合群！

于是，你就选择了沉默不语。

可是，你再想一想，班上其实大部分同学没有说话，有没有可能，他们和你的想法是一模一样的呢？

很有可能，事后大家一起聊天的时候才发现，原来大部分人是想去山里的。只不过因为你们有一样的小心思，所以你们都选择了沉默。结果班长和学习委员两个人的意见，就决定了你们所有人的春游地点，你们就都只能去海边了。

直到这个时候，你们可能才恍然大悟，并且因为自己当时的沉默后悔不已吧！

其实这样的现象在社会中也是很常见的。德国传播学者伊丽莎白·诺尔－诺依曼（Elisabeth Noelle-Neumann）就提出了一个理论来解释这种现象，叫作沉默螺旋理论。

这个理论是这样说的：在任何一个社群中，敢说话的、想说话的人，永远都是少数。而我们往往会错把这些少数人的声音，当成是全部人的意见。结果，大部分有反对意见的人，反而误以为自己是少数派，害怕被孤立，于是选择了沉默。就像在水池中形成了向下卷的螺旋一样，本来不敢说话的人越来越不敢说话，他们的意见就越来越不被看到。

那么，为什么沉默的螺旋效应会是一个问题呢？这是因为，在正常的集体当中，应该是少数服从多数的。可是在沉默的螺旋效应作用下，少数人的声音反而可能取代了大多数人的意见，变成了决定性的意见，这就让多数人的想法，被少数人所“绑架”了。

比如，大家平时打开微博等社交媒体时，偶尔会看到一些比较有争议的话题。在这些话题的评论区，有些人说出的观点，显得特别极端。

不仅如此，他们的观点还有很多人附和，好像所有人都支持这样极端的观点。

网络：极端言论泛滥区

这个时候，我们可能会非常震惊，难道大部分人都这么不理性吗？其实，这可能就是沉默螺旋理论在起作用。

并不是大部分人的想法都很极端，而是大部分人在看到这么多极端的观点时，都选择了保持沉默，成了沉默的大多数，才会显得这些极端的观点好像成了主流的意见。

因此，当我们在社交媒体或新闻网站看评论时，千万不要认为评论区中的观点就一定是大部分人所认同的观点。学会了沉默的螺旋这个概念之后，我们一定要更加理性地看待这些评论。

学会了这个知识点，我们再回头看看自己的班级集体活动，你有多少次主动表达了自己的意见呢？当你发现自己的想法可能是少数人意见的时候，你会不会也同样选择了沉默呢？那你就要留意了，你可能已经卷入了沉默的螺旋中。如果在当下不敢表达自己的意见，事后可能会十分后悔的。

课程回顾

沉默螺旋理论

沉默螺旋理论（Spiral of Silence Theory），是一个政治学和大众传播理论。1974 年，德国学者伊丽莎白·诺尔－诺依曼在《传播学刊》上发表论文《沉默的螺旋：舆论——我们的社会皮肤》（“The Spiral of Silence：Public Opinion—Our Social Skin”）。

它描述了这样一个现象：人们在表达自己的想法和观点的时候，如果看到自己赞同的观点，并且其受到了广泛的欢迎，那么人们将会下意识地“笃定”自己的观点是“大众化”的，并且“自我确定”其为“正确、合理的”；反之，如果人们并未看见自己赞同的观点，或者说即使看见了但是没有多少人支持，甚至遭受了不少人的抨击、辩论，那么人们将选择保持沉默，不发表自己的观点。

沉默螺旋理论提供了一种考虑问题的视角：团队意见的形成不一定是团队成员“理性讨论”的结果，而可能是对团队中“强势”意见的趋同后的结果。需要注意的是：“强势”意见所强调的东西，不一定就是正确的。当团队中的少数意见与“多数”意见不同的时候，少数有可能屈于“优势意见”的压力，表面上采取认同，但实际上内心仍然坚持自己的观点，这就可能出现某些团队成员公开“表达的意见”与团队成员“自己的意见”不一致。

要想跳出沉默的螺旋，就要学会尊重少数派，聆听反对者的声音。

课后练习

学完了本节的课程，我们一起来思考这样一个问题：回到课程最开始春游的例子里面来吧！如果你是老师，你要如何组织讨论，才能够避免沉默的螺旋，让两方的意见能够充分地被表达出来呢？

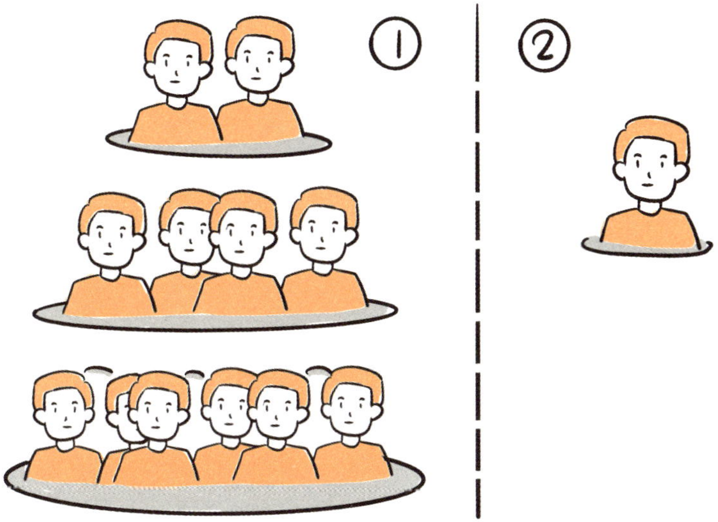

打破沉默螺旋

10 公正世界假设："公正"也可能会害人

原来有人谴责受害者，是因为对这个世界有错误的想象啊！

心理学上有个效应，叫"公正世界假设"，即认为世界是绝对公正的，非黑即白。通过了解这个效应，你就会明白，为什么当我们在网上看到一些不正义的社会事件时，评论区竟然有人去谴责这个事件里面的受害者。

让我们一起想象一下这样一个场景。今天你们班上有个同学被某个坏同学欺负了，你和父母讲述这件事情时，你的父母却问你，被欺负的同学为什么要去招惹那个坏同学呢？

你想了想，觉得那个同学并没有去招惹那个坏同学。可是你的父母坚持说："他肯定是做了什么事情惹到了那个坏同学，否则，为什么只有他被欺负呢？你要知道，一个巴掌拍不响，苍蝇不叮无缝的蛋呀！"

这个时候，你肯定会感觉到有些莫名其妙。你不明白，为什么你的父母不关心被欺负的同学怎么样了，反而怀疑是他挑起的事端呢？

这就和我们今天要学习的心理学效应有关了。这个心理学效应叫作公正世界假设。它指的就是人们普遍相信这个世界是公平、公正的，善有善报，恶有恶报。

听到这里，你可能会觉得，这个理论听上去很好很正义啊！

但问题马上就来了。虽然人们内心深处相信这个世界是公平、公正的，但事实上，我们常常会看到一些不公正、不正义的事情出现。

受害者有没有先做错事？

此时，信念和现实就出现了不同。然而，人们天然就有追求心安理得的倾向。这样一来，就会不自觉地在受害者身上挑毛病。其实，道理也很简单，如果受害者身上有很多问题，那么，这个受害者就不是一个无辜的人，这样一来，这个事件就符合了“恶有恶报”的原则，符合了人们对公正世界的想象。

让我们再回到一开始设想的那个场景吧。为什么班上有同学被欺负的时候，你的父母反而会问是不是他做了什么，招惹到了那个坏同学呢？

这是因为，如果那个同学什么都没有做错，却还是被人欺负了，这就意味着，他本身是善良的，结果却有了恶报。这就不符合公正世界假设。

可是如果他做了什么，招惹了那个坏同学呢？那就意味着他也做错了一些事情。既然他做错了一些事情，那么最后被人欺负，是合情合理的，也就没有什么不妥的地方了。

当你的父母这么想的时候，此时他们所相信的信念是：善有善报，恶有恶报。他们所认为的现实是：那个被欺负的同学一定是做错了什么，才会被人欺负。这样一来，他们所相信的信念和现实也就相符合了。

说到这里，你就会明白为什么有些人在听到一些恶性事件发生的时候，会本能地去指责那些受害者了吧！

其实这种公正世界假设在生活中还有很多体现，比如说，你或许听说过这样一种观点：穷人之所以贫穷，肯定是因为他们懒散、不够努力；富人之所以成功，都是因为他们足够勤奋。

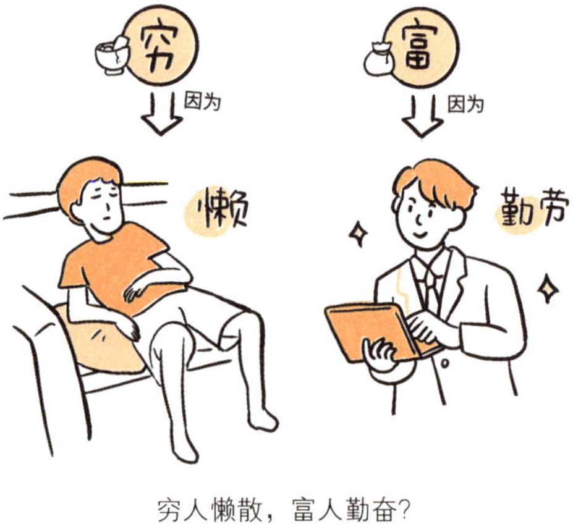

穷人懒散，富人勤奋？

我们一起想一想，穷人之所以贫穷，真的是因为他们非常懒散吗？如果你仔细观察就会发现，很多的穷人其实非常辛苦，他们每天天不亮就出门工作，夜深了才能够回到家。他们之所以这么贫穷，可能是因为小时候家里条件不好，没有机会好好读书，也可能是因为机遇不好，这些都和努力无关。

可为什么还是会有很多人觉得，穷人贫穷，就是因为他们懒惰呢？

这是因为如果一个人非常勤劳，却还是十分贫穷，这就不符合公正世界假设中公平、公正的原则了。因此，人们就会让自己相信，穷人的贫穷一定是因为自己不够努力，不够努力当然就得不到好的结果。这也是公正世界假设所带来的错误观念。

那么，为什么即使证据确凿，我们仍然坚持公正世界的信念呢？有几个因素导致了这种偏见：

1. 控制感：我们都希望自己能控制自己的生活，相信好人有好报，可以让我们觉得更安全，以减少对未来的担忧。

2. 安全感：这种信念让我们觉得世界是有规则的，坏事不会无缘无故发生。

3. 自我保护机制：责怪受害者可以让我们觉得自己不会遇到同样的不幸，从而保护自己的信心和安全感。

4. 道德公平：我们常常用道德标准来判断别人，认为坏事发生在坏人身上是应该的。

5. 积极的幻想：高估世界的公正程度会促进希望和心理健康。承认普遍存在的不公正会导致绝望。

尽管公正世界假设具有一定的鼓励人们向善的作用，但过于坚持这个观念会让我们在面对明显的不公时变得冷酷无情。

因此，我们在看到不公正的事件发生的时候，一定要多告诉自己一句：这个世界有时就是不公正的，有些无辜的人确实会受到伤害。我们要做的就是去追求正义，谴责加害者，而不是为了自己的心安理得，去谴责受害者。

课程回顾　公正世界假设

公正世界假设（Just World Hypothesis），由美国心理学家梅尔文·勒纳（Melvin Lerner）提出。该理论认为谴责受害者的人陷入了一种逻辑错误——他们假设这个世界是公平、公正的，因此运作模式总是“善有善报，恶有恶报”，坏事不会降临在好人身上，所以若某人遭遇不幸事件，则他肯定做了坏事，恶有恶报，反之亦然。

具有讽刺意味的是，相信公正世界假定通常会导致更糟糕的不公正，这个谬误最常见的例子就是指责受害人。例如，人们普遍认为长期失业的人肯定是懒惰的，因此不值得获得社会安全保障或其他帮助，或者指责强奸受害者穿着“暴露”，而忘了加害人才是应该被谴责的。

以下建议有助于我们避免公正世界假设：

1. 同理心练习——与其对别人的处境感到愤怒，不如试着对他们所经历的事情抱有同情。

2. 不要责怪受害者——请记住，只有犯罪的人应该对犯罪行为负责。

3. 避免隐形歧视——当发现自己在评判别人的处境时，问问自己，你的观点是否受到种族主义、性别歧视、年龄歧视或其他任何形式的歧视的影响。

4. 考虑信息来源——当听到一个故事时，多考虑一下信息的来源，看看是不是可以改变你的观点。

5. 温柔对待自己——因为担心发生在受害者身上的事情也会发生在自己身上，你可能会感到恐惧和焦虑。处理你的情绪，对自己温柔一点儿。

这个世界本来就是不公平的，接受这一事实并不容易。但认识到这一点，当悲剧发生时，你将能够对他人甚至自己表现出更多的善意。

课后练习

学完了本节的课程，我们一起来思考这样一个问题，你在生活中，还见过哪些因为公正世界假设而谴责受害者的事件呢？

过度迷信“公正”可能害人害己

11 刻板印象：学会识别偏见

你以为的，就是你以为的吗？

这一节，我要分享一个心理学效应，叫作“刻板印象”。希望你通过学习这个效应，可以了解生活中的偏见是怎么回事。

我先来讲一个小故事。这个故事改编自一道著名的谜题，难倒过很多人，不知道你能不能在第一时间将其破解？

有一个男生要去一家公司面试一份工作，因为他很紧张，就请他的爸爸陪他一起去。在父子俩来到公司门口时，儿子突然接到一通电话。

电话接通，来电的人是另一家大公司的 CEO（首席执行官），这位 CEO 在电话里说：“儿子加油！你一定可以的！”儿子听了很高兴。现在问题来了，请问来电话的人到底是谁？

有人可能会猜：“难道这个男生有两个爸爸吗？一个是生父，一个是养父。或者，这位 CEO 是他干爸。”

有些同学也许已经猜到了，答案就是：这位 CEO 是他的妈妈！

很多人猜来猜去猜不到，一听到答案才恍然大悟：这么明显的事情怎么就没想到呢？这是因为，我们很多人潜意识里认为大公司的 CEO 肯定是男的。

这就是我们今天要学习的一种思维误区——刻板印象。也就是说，当我们看待某些人或者某些事的时候，会有一些先入为主的印象。

生活中偏见无处不在

这种刻板印象其实在我们的生活中非常多见。比如，人们一般认为工人豪爽、农民质朴、军人雷厉风行、知识分子文质彬彬、商人精明，诸如此类的看法，都是人们脑中形成的刻板、固定印象。此外，性别、年龄等因素，亦可成为刻板印象对人分类的标准。例如，按年龄归类，认为年轻人上进心强、敢说敢干，而老年人则墨守成规，缺乏进取心；按性别归类，认为男人总是独立性强、竞争心强、自信和有抱负，而女性则是依赖性强、起居洁净、讲究容貌、细心软弱。

由于刻板印象的作用，人们在认知某人时，会先将他的一些特征归属于某类人，又把这类人所具有的典型特征归属到他的身上，再以此为依据去认知他。这种行为还有一个常见的叫法——贴标签。

这种偏见存在于人们的头脑里，主要有其认知方面的原因。人的思维总是从个别到一般，再从一般到个别。如果在没有充分了解某一类人全面信息的情况下就做出概括，往往会形成不符合实际特征的印象。而当我们依据这种印象去评价和判断某人时，又不考虑个人的具体生活经验，自然就会产生刻板印象偏见。

那么，刻板印象对我们的生活会造成哪些坏处呢？

首先，刻板印象很容易让我们自己错过好的机会。

比如，你刚刚进入一所新的学校，准备选择加入一个社团。在所有的社团中，有的社团成立得比较久，有的则比较短。在这个时候，你的刻板印象告诉你：刚成立的社团，肯定不如那些已经成立很久的社团好。于是你直接忽略了这些新社团。

可是事后你可能才会发现，原来这些新成立的社团中，有一些特别适合你。由于一开始的刻板印象，你错过了加入它们的机会。

成立越久的社团就越好吗?

再比如说，挑选大学报志愿的时候，有些学校可能仅仅因为地理位置比较偏僻，或者学校名字听上去不够响亮，就被人先入为主地认为这一定不是一所好学校。如果我们带着这样的想法去挑选学校，可能就会错过一些非常合适自己的好学校。

其次，刻板印象也很容易伤害到别人。

就以我们课程一开始提到的刻板印象举例，也就是人们总认为公司的高管一定是男性。如果一个公司的男老板对女性有刻板印象，认为女性就是无法胜任公司的高管，那么在面试时，前来应聘的女性就失去了公平竞争的机会。

我们在社会中常常见到的各种各样的歧视现象，归根结底，就是这么来的。

那么，我们要怎样破除歧视跟刻板印象呢？

美国有一位心理学家，叫戈登·奥尔波特（Gordon Allport），他跟他的学生研究了几十年，发现要破除歧视跟刻板印象，有一个好办法，就是打开眼界，多去交朋友，多去旅游，多去接触不同文化的人。

道理也很简单，刻板印象就是我们脑海中先入为主的印象。那么如果我们拥有一颗开放的心，能够深入了解更多的人、事、物，就会看到他们身上鲜活的一面。这样我们自然就会发现自己的哪些想法属于不正确的刻板印象了。

如果哪个公司的男性老板愿意和更多优秀的女性交朋友，他就会发现女性的能力一点儿不输给男性。如果你在挑选学校的时候，愿意多去了解一下这些学校，问一问这些学校的学长，那么你的选择是不是会更加准确呢？

课程回顾 刻板印象

刻板印象（Stereotype），心理学名词，是美国新闻评论家和作家沃尔特·李普曼（Walter Lippmann）在其1922年出版的《舆论》（*Public Opinion*）一书中提出的概念。

刻板印象也称刻板成见、刻板偏见，主要是指人们对社会环境中某一类人或事物产生固定、概括、笼统的看法，并将对其的看法推而广之，认为这类人或事物都具有该特征，而忽视个体差异。它往往伴随着对该事物的价值判断和情感好恶。

刻板印象一般具有三个特征：（1）对社会上的人群简单地根据其外部特征进行分类；（2）在同一社会文化或同一团体中，人们的刻板意见具有一致性；（3）由于刻板印象过于笼统，所以据其做出的判断多与事实不符。

刻板印象既有积极的一面，也有消极的一面。积极的一面表现在对于具有许多共同之处的某类人在一定范围内进行判断，不用探索信息，直接按照已经形成的固定看法即可得出结论，这就简化了认知过程，节省了大量时间、精力，使人们能够迅速地了解某人的大概情况，有利于人们应对周围的复杂环境。消极的一面表现在被给予有限材料的基础上做出带普遍性的结论，会使人在认知别人时忽视个体差异，从而导致知觉上的错误，造成先入为主，妨碍对他人做出正确的评价。

克服刻板印象的具体方法有两个：一是要善于用“眼见之实”去核对“偏听之辞”，有意识地重视和寻求与刻板印象不一致的信息；二是深入群体中，与群体中的成员广泛接触，并重点加强与群体中有典型化、代表性的成员的沟通，不断地检索验证原来刻板印象中与现实相悖的信息，最终克服刻板印象的负面影响而获得准确的认识。

课后练习

听完这节课程之后，你有没有注意到，自己心中都有哪些刻板印象呢？

贴标签

12 刻板印象威胁：偏见是如何伤害他人的

刻板印象对他人的伤害，远比你想象的更严重！

上一节，我们了解了什么是刻板印象，也了解了其积极和消极的一面。这一节，我们来了解一下，消极的刻板印象会对群体和个体造成什么样的影响。

曾经有心理学家做了这么一个实验，他找了许多大学生，其中有男有女，进行数学测验。

针对第一组同学，研究人员二话不说，马上就让大学生开始做数学题。结果发现男生和女生的数学水平差不多。

对于第二组同学，在开始测验之前，研究人员特别强调了一件事：这一次测验，我们要看看，男生和女生谁在做数学题上比较厉害。然后，才开始让他们做题。结果是，这一次男生的得分情况普遍比女生要好得多。

为什么会是这样呢？

要知道，在社会中，很多人会觉得女性的数学不如男性。其实这都是刻板印象，实际情况并不是这样。第一组测验的时候，研究人员不提这件事，直接让他们做题，结果男生和女生的表现不相上下。而第二组测验的时候，研究人员刻意强调了一下，这是男生和女生在数学上的比较，女生马上就想起了“女生数学不如男生”的刻板印象。

男生和女生的数学水平不相上下

结果，由于女生受到这种刻板印象的影响，在做测验的时候，她们就忍不住会想，我们女生很可能就是不如男生，数学是我们很不擅长的事情。在这种想法下，女生的能力和信心就会受到影响，她们的成绩当然就比男生差了。

明明男生和女生的数学水平是不相上下的，但就因为研究人员提了一句这个人人都听过的刻板印象，女生的水平就变得大不一样了。这种因为刻板印象而造成的表现下降，就被心理学家叫作：刻板印象威胁。

这种现象并不是个例。比如说，在美国就有这样一种刻板印象，白人比黑人聪明，黑人比白人更有运动天赋。

有心理学家做了这样的一个实验。他们找来了很多的黑人和白人，让他们比拼打高尔夫球。首先，对第一组黑人和白人，实验人员告诉他们，我们这一次打高尔夫球，要比拼的是看谁更聪明，在比赛中，谁能够选择更棒的运动策略。结果这一组白人比黑人的成绩好很多。

然后他们再做第二组实验。这一次，实验人员说，我们这一次打高尔夫球，要比拼的是看谁的体能更好。这一次的结果是，黑人的成绩比白人好很多。

白人更聪明，黑人更有运动天赋？

为什么会是这样？还是因为刻板印象威胁！那些被刻板印象看不起的人，会因为他们觉得自己被瞧不起，而产生信心动摇，影响了他们正常的发挥。

刻板印象威胁产生的不利影响，会导致个体或群体的行为表现下降，以及心理上的分离与不认同。

所谓心理上的分离，指的是当人们在短时间内受到刻板印象的威胁时，会发生的心理变化。人们会感觉自己与某个群体或领域的联系变弱。这种感觉会让他们在心理上远离这个群体或领域。比如说，当女性受到了“女性数学不好”的刻板印象威胁时，她就会不自觉地把自己和“擅长数学的人”这个群体分离开来。

心理上的不认同则是刻板印象威胁会带来的长期影响，如果上述的分离感持续很长时间，成员可能会逐渐失去对这个领域的兴趣和认同感。他们对某个学科的兴趣可能会减少，逃避这门学科，甚至改变自己的专业选择和职业方向。例如，一些女性在长期经历刻板印象威胁之后，可能就会本能地对数学这门学科产生逃避的心理，最终，自然更不愿意选择这门学科了。

最后，我们再来看看，刻板印象威胁对我们学校生活的影响。在你的小组或者班级里面，有没有哪些人被大家当作拖后腿的人？你有没有意识到，在你每一次给他们贴上这种标签的时候，其实也是在塑造一种刻板印象呢？这种刻板印象也是会打击到他们的自信。

过去你可能会觉得，这些人的成绩就是不好，我们说他们拖后腿是就事论事，没什么问题，甚至还有可能督促他们进步。在学习了“刻板印象威胁”这个概念之后，我们就要换位思考一下。

对于那些被看成是拖后腿的人来说，他们每一次考试、参与活动、回答问题的时候，都会被其他同学的刻板印象所影响，承受巨大的压力。在压力之下，他们肯定不会表现得很好。表现不好，下一次又要承受更大的压力。长此以往，这些同学的学习成绩就会越来越差，甚至丧失对学习的兴趣。

可以说，如果班上同学总是称呼一个人是拖后腿的，这样的行为本质上就是一种校园欺凌行为。

因此，我们在日常生活中，时刻要提醒自己，从自己做起，不要认为谁一定不是一个好学生，更不能主动给其他同学身上贴上负面的标签。我们要远离刻板印象，共同建设一个开放包容的社会。

课程回顾 刻板印象威胁

刻板印象威胁（Stereotype Threat），是指个体或者群体感知到消极刻板印象后，害怕自己印证消极的刻板印象而产生的消极体验过程。

1995年，斯坦福大学社会心理学家克劳德·斯蒂尔（Claude Steele）和纽约大学乔舒亚·阿伦森（Joshua Aronson）在《人格与社会心理学期刊》（*Journal of Personality and Social Psychology*）上发表了《刻板印象威胁与非裔美国人的智力测试成绩》。研究表明，被告知测试对智力具有诊断性会降低黑人大学生在口语GRE测试中的成绩。他们认为正是诱发了有关黑人在智力方面的消极刻板印象影响了黑人大学生的成绩。

刻板印象威胁效应已经在各个领域得到了证实。除影响黑人学生的智力测试成绩外，还会影响白人运动员的成绩、老人的认知能力、女性的数学成绩、女性在谈判中的表现、女性驾车技能等。总之，处于消极刻板印象情境中的任何个体都有可能经历刻板印象威胁。

根据刻板印象威胁产生的条件及机制，研究者们开发了各种应对方法：了解刻板印象、寻找群体内角色榜样、转换群体认同以及增强自我肯定。

了解刻板印象——知道是成功的一半，一旦人们了解了刻板印象威胁，他们所在环境的负面暗示对他们的影响就会变小。

寻找群体内角色榜样——群体外成员的优秀表现会激活刻板印象威胁，而群体内成员的榜样作用会相应地降低刻板印象的威胁。

转换群体认同——几乎每个人都有着多重群体认同，转换群体认同是指从消极的群体认同转换为积极的群体认同，消除引发威胁的认知不平衡。

增强自我肯定——关注自我肯定就是使个体能够加强对自身价值或特长的思考，以减轻刻板印象威胁的不利影响。

课后练习

学完了本节的课程，我们一起来思考这样一个问题：在你的身边，你能发现哪些刻板印象呢？你能不能想到，这些刻板印象都造成了什么样的伤害呢？

同样做家务，对男女的不同评价

第三章

信息素养

我们生活在一个由人工智能驱动、信息爆炸的时代。

如今，任何人都能轻松获取地球另一端的新闻，但同时，虚假信息也更容易传播。我们接触到各种有趣视频，各种手机应用也在不断吸引我们的注意力。我们无法停止科技的进步，但我们能够选择在纷繁复杂的信息海洋中保持清醒。

在这一章，让我们一起在信息的海洋中航行，寻找清晰的导航。

13 幸存者偏差：真相往往在看不到的地方

为什么那些网红，好像轻轻松松就发了大财？

第二次世界大战期间，当时的美国空军飞行员认为，自己的战斗机装甲太薄弱，非常需要加强。

可是飞机的重量是有限制的，不可能每一个部位都加上厚厚的钢板。因此，当时的空军只有两个选择：第一个选择是加强机翼部位，也就是飞机翅膀的装甲；第二个选择则是加强机尾部位的装甲。

怎么选呢？军官们犯了难。这时有军官提出，只需要观察所有从战场上飞回来的飞机，哪个部位的弹孔最多，就说明这个部位最容易遭受攻击，那么就应该加强哪里。

于是，有军官就去研究了每一架从战场上飞回来的飞机，结果发现，在这些飞机的翅膀上，有非常多的弹孔，其他部位的弹孔则少很多。

于是，这位军官就得出结论，既然飞机翅膀的弹孔最多，那就说明飞机最容易被攻击的部位是机翼，所以应该加强飞机机翼的装甲。

故事讲到这里，你觉得这位军官所得出的结论是正确的吗？听上去好像挺有道理，对不对？

该加强机翼还是机尾？

但是很遗憾，这位军官得出的结论完全错误。为什么会这样呢？

这是因为这位军官研究的样本只有从战场上成功飞回来的飞机。至于那些被敌人击落，坠毁在战场上的飞机，根本就没有被研究到。

事实上，由于战斗机的发动机都是装在飞机机尾处，如果飞机机尾中弹了，战斗机很容易就会坠毁，那自然就不会被这位军官研究到。可是如果只是机翼中弹呢？飞机依旧可以飞行，也依旧可以顺利地飞回来。听到这里，你觉得更应该加强机翼的装甲，还是机尾的装甲呢？

生活中我们都可能会犯这样的错误，如果在观察事物的时候，只看到了少部分的“幸存者”，却忽略了那些不太容易被发现的

“阵亡者”，那么我们得出的结论自然就不准确。因此，这种现象也被叫作“幸存者偏差”。

了解了幸存者偏差之后，我们回到日常中最常见的一个问题：为什么别人家的孩子都这么优秀呢？难道别人家专出神童吗？当然不是这样，我们用“幸存者偏差”这一理论来解读一下这个现象。

父母们聊天介绍自己家孩子的时候，通常都是突显优点、隐藏缺点，所以他们听到别人家孩子的故事时，很难看到他们的全貌，通常只是看到他们好的一面。因此，那些最优秀孩子的故事，就会成为大人们交谈中的“幸存者”。而那些普通孩子的故事，则会成为大人们聊天时的“阵亡者”，不会被人看到。

这样一来，当别人家孩子的故事传到你的耳中时，当然只剩下那些最优秀的孩子的故事，别人家的孩子当然也就显得好像都很厉害了。

其实，在社会中，幸存者偏差的现象非常常见。

为什么好莱坞拍的好像都是大片？因为拍烂的电影根本没有机会在国内上映。

人们常说“自古红颜多薄命”，那是因为相比普通的女人，美女更容易吸引关注，所以当有红颜短命而亡的时候，更容易被大家记住。其实有点科学常识的人都知道，寿命长短和长相并无直接关系。

我们还经常听说某位富人没上过大学，如今照样挣大钱，手下全是硕士、博士。而好多读书认真用功、考上大学的人，毕业后反而不如那些没好好学习的人混得好。其实这些都是个例，因为低学历者的成功更容易被人们无限地放大，而高学历者的成功，人们往往觉得司空见惯，从而忽视。

游戏、直播行业这两年异军突起。一些主播直播睡觉、吃饭、唱歌、打游戏，都可以月入十万百万。在他们的故事里，我们总会有一种错觉，好像成功是一件很简单的事情。随便分享一下自己的生活，拍成短视频，就可以成为名人，赚到很多钱。但其实中国的网络主播人群已经非常庞大，只有那些最成功的人才会在网络媒体中被我们看到，那些没有成功的人的故事，我们从来就没有看到过。

很多大城市的青少年，父母都是高学历，月收入几乎都可以轻松突破一万元，所以很多人普遍认为月入一万元是门槛级别的收入。但其实，国家统计局公布的中国 2023 年的人均可支配收入全年也只有 39218 元，平均一个月 3268 元。你们想象中的，其实仅是“幸存者”的生存状态。

因此，在我们观察社会，总结经验的时候，一定要更全面地了解信息，才不至于被幸存者偏差所误导。

课程回顾 幸存者偏差

幸存者偏差（Survivorship Bias），是一种认知偏差，指在收集和分析数据时，通常会过滤掉失败的样本，只留下成功的部分。

1941 年，第二次世界大战中，美国哥伦比亚大学统计学教授亚伯拉罕·瓦尔德（Abraham Wald）应军方要求，提供关于“飞机应该如何加强防护，才能降低被炮火击落的几率”的相关建议。瓦尔德教授研究了联军轰炸机遭受攻击后返回营地的数据，发现机翼是最容易被击中的位置，装置发动机的机尾则是最少被击中的位置。

瓦尔德教授的结论是：第一，统计的样本，只涵盖平安返回的轰炸机；第二，被多次击中机翼的轰炸机，似乎还是能够安全返航；第三，并非机尾不易被击中，而是因为机尾被击中的飞机根本无法返航，寥寥几架返航的飞机都依赖相同的救命稻草——机尾尚好。

军方采纳了瓦尔德教授的建议，并且后来证实该决策是正确的，看不见的弹痕最致命。

幸存者偏差，是优胜劣汰之后自然选择出的一个道理：未幸存者已无法发声。人们只看到经过某种筛选而产生的结果，而没有意识到在筛选的过程中忽略了被筛选掉的关键信息。如果你不参考那些未实现的结果，你根本无法看懂那些已经实现的结果。

想要避免幸存者偏差，首先应该正确归因，是你的能力强抑或只是运气好？你很有可能凭借运气赚到钱，或者创业成功，然后觉得自己很聪明，你就大手大脚地去花钱，到最后，得自运气之物，也将被运气拿走。其次反向学习，向那些输家学习，看他们是如何失败的，避开那些坑，也许比学习那些成功的人更有用处。

课后练习

学完了本节的课程，我们一起来思考这样一个问题：当我们在超市买东西的时候，总会感觉，好像进口的零食就是比国产的零食好，不仅包装精美，味道也好，这是为什么呢？难道外国人做零食就真的处处比我们更强吗？

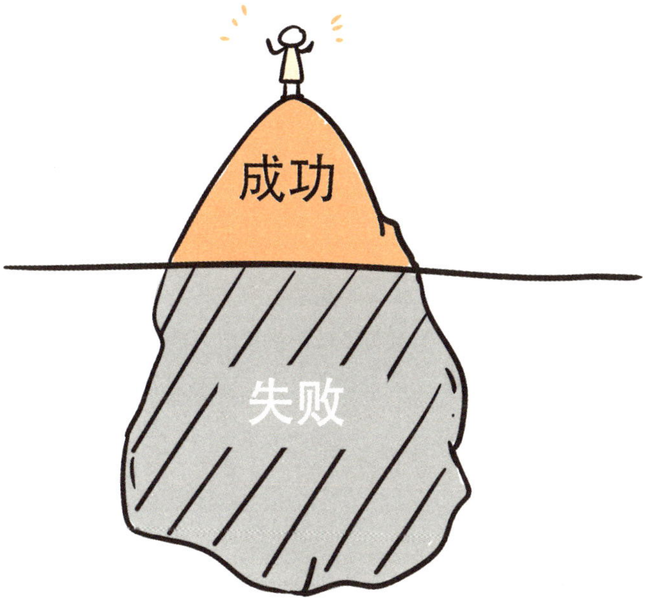

少数成功的人更容易被看到

14 大数据：数据如何“读取”我们的生活

明天的路况，软件今天是怎么知道的？

大家有没有注意到，每次我们打车出门的时候，打车软件就会自动提示你预计到达目的地的时间；甚至你给三天后的出行预约车辆的时候，系统也能够提示你三天之后的预计路况和用时。

你会不会有些疑惑呢？明明我还没出门，导航怎么计算出我需要用的时间呢？导航怎么知道未来的路况信息呢？这一切的答案，就是大数据。

麦肯锡全球研究所对于大数据给出的定义是：一种规模很大的数据集合，并且在获取、存储、管理、分析方面，可以远远超出传统数据库软件工具的能力范围。

换句话说，大数据就是一个巨大无比的资料库，里面会记录着人们在这个领域做出的所有动作和选择，并且，这个资料库很智能，会自己去分析这些资料，得出一些我们需要的结论。

在上述导航的例子中，导航软件的背后就有着这样的一个大数据资料库，里面记录着不同日期、不同时段、不同路线的车流量，也记录着之前这些车辆通过这段路需要的时间，并且自动找出了规律。所以当你需要知道路况信息的时候，大数据就会提供给你分析的结果，帮你省时省力了。

其实，大数据在生活中的用途是非常广泛的。很多你已经习以为常的事情，背后都有着大数据的支持。

比如在气象方面，我们看到的天气预报越来越详细，越来越精确，这就是大数据的功劳。大数据收集了来自雷达、飞机、卫星、无人机等等很多的数据，然后分析出来某一个地区特定时间的天气状况会是怎么样，会不会有气象灾害，甚至大数据可以结合之前的经验，计算出这个程度的气象灾害会给农业造成多大的损失。

在金融行业，银行可以根据用户的年龄、资产规模、理财偏好等，对用户群进行精准定位，分析出潜在的金融服务需求。

在零售业，使用大数据是零售商了解消费者的购买行为和偏好，从而进行精准的市场定位和个性化营销的重要支撑。通过采集和分析大量的销售数据和顾客反馈，零售商可以优化库存管理、供应链和销售策略。

医疗机构可以通过采集和分析患者的医疗记录、生物传感器数据和基因组数据来进行疾病预测、诊断和治疗。此外，大数据还可以用于监测公共卫生事件和流行病暴发。

在教育领域，通过大数据进行学习分析，能够为每位学生创设一个量身定做的个性化课程，为学生的学习提供一个富有挑战性而非逐渐厌倦的学习计划。

举了这么多例子，或许你的心中会有一个问题："大数据这么厉害，万一被坏人用来做坏事怎么办？"

很好，这说明你已经养成了思辨的好习惯。凡事有利也会有弊，大数据也可能是一把双刃剑，所以你的这个担心也非常有道理。如果一些别有用心的人把某些商品交易平台的全部数据都偷走了，就可以知道几乎所有人的生活习惯和消费经历，就很有可能根据大数据分析出来的结果骗财骗物，甚至制造更大的破坏。

事实上，自从大数据开始广泛应用到社会生活中之后，很多国家就在完善各种各样的法律法规来保护数据的安全。例如，倒卖数据这一行为，就涉嫌侵犯公民个人信息罪，可能会被处罚甚至是坐牢。

虽然国家在法律层面保护着我们的信息安全，规范着大数据的安全使用，不过对于我们每一个公民来说，自身也要提高信息安全意识。比如你在上网的时候突然弹出一个窗口，让你输入手机号和地址，然后有可能抽中大奖，你就要非常小心，因为这很可能是不法分子在收集大家的个人信息，分析之后从事非法勾当。所以遇到这种弹窗，一定不要上当受骗。但事实上，不法分子盗取我们信息的方式还有很多，因此，我们每个人都需要提高数据安全意识，这样整体的网络环境才会变得越来越健康。

课程回顾　大数据

大数据 (Big Data)，或称“巨量资料”，指的是一种规模大到在获取、存储、管理、分析方面大大超出了传统数据库软件工具能力范围的数据集合。

在维克托·迈尔–舍恩伯格（Viktor Mayer-Schönberger）及肯尼斯·库克耶（Kenneth Cukier）编写的《大数据时代：生活工作与思维的大变革》一书中，大数据指不用随机分析法（抽样调查）这种捷径，而采用所有数据进行分析处理。IBM 提出，大数据具有 5V 特点：Volume（大量）、Velocity（高速）、Variety（多样）、Value（低价值密度）和 Veracity（真实性）。

大数据技术的战略意义不在于掌握庞大的数据信息，而在于对这些含有意义的数据进行专业化处理。换而言之，如果把大数据比作一种产业，那么这种产业实现盈利的关键，就在于提高对数据的加工能力，通过“加工”实现数据的“增值”。

不过，大数据在经济发展中的巨大意义并不代表其能取代一切对于社会问题的理性思考，科学发展的逻辑不能被湮没在海量数据中。著名经济学家路德维希·冯·米塞斯曾提醒过：“就今日言，有很多人忙碌于资料之无益累积，以致对问题之说明与解决，丧失了其对特殊的经济意义的了解。”这确实是需要警惕的。

课后练习

学完了本节的课程，我们一起来思考这样一个问题，除了上面我举的交通和购物方面的例子之外，你还能想到生活中大数据给我们提供方便的实例吗？

无处不在的大数据

15 信息茧房：信息时代，如何打破认知的局限

网上看到的都是我喜欢的，真的是一件好事吗？

什么叫信息茧房？我来带你回忆一下，你第一次登录抖音、微博、Bilibili 这些平台的时候，是不是觉得打开了新世界的大门。里面有你喜欢的动漫、萌宠，也有你没接触过的天文、军事，等等。

这些平台上的图文、视频等，我们感兴趣的就多看看，不喜欢的看个开头就可以刷走。慢慢地，我们就会发现，网络推送给自己的，几乎都是我们喜欢的东西，就好像它知道我想看什么一样。为什么会这样？

这就是网络神奇的地方。在网络出现以前，你如果想看新闻、查信息，就只能看报纸，或者去图书馆，你只能自己主动去找，单方面地查询，因为报纸或图书馆不会猜你想看什么。

可是网络不一样，网络会尝试来跟你交流，猜你想看什么，这种交流跟猜测的方式，学名叫作“算法推送”。

比如，你刷抖音的时候常常看小猫咪的视频，每一个都会看完，还会点赞、收藏。那么平台的后台就会明白，原来这个人这么喜欢小猫，那就多给他推荐这些视频吧！这个记住你的行为，并且按照你的行为推荐给你内容的过程，就是算法推送发挥作用的过程。

算法能看穿用户的内心

有人可能会问:“算法推送这么厉害,不是很棒吗?有什么可担心的呢?”

就因为它太厉害了,我们在吸收信息的时候,才会容易“偏食”。我们看到的信息,几乎都是固定的几种领域,越来越接触不到其他领域。社会学家把这种情况称为“信息茧房”。

信息茧房意思是,我们好像小昆虫一样,被困在虫茧里面,看不到新鲜的风景。

在信息茧房里,人们不喜欢动脑筋思考问题,只喜欢看爽文、刷短视频,沉迷于短暂的快乐当中,不断地取悦和麻痹自己。手机的流行和便利,随时随地考验着我们的自控力。当我们浏览一些信息时,只要时间稍微逗留长一点儿,就总是会接收到相关的信息,还会把我们不喜欢的信息自动屏蔽掉。更可怕的是,你可能早已被困于信息茧房里而不自知,误以为自己既长了见识,又有了进步。

在柏拉图的《理想国》里有一个经典故事“洞穴之喻”。说的是在一个很深的洞穴里，有一些从小就生活在里面的犯人，他们全身被绑，背向洞口，既不走动，也不扭头，每天只是面对着墙壁。在他们后上方有一堆火，有一条横贯洞穴的小道。沿小道筑有一堵矮墙，如同木偶戏的屏风。有一些特定的人，扛着各种器具走过墙后的小道，而火光则把透出墙的器具投影到囚徒面前的洞壁上，这些器具就是根据现实中的实物所做的模型。囚徒自然地认为影子是唯一真实的事物。一天，其中一位犯人解除身上的束缚，朝着洞口方向走了出去，他发现外面的世界一片光明，便再也不愿意回到洞穴，去过以前黑暗的生活。外面的世界如此美好，犯人也想把同伴解救出来。当他回到洞穴把实情告诉同伴时，同伴不但不相信他，反而认为他在外面已经变“坏”了，要把他杀掉。可见，人们总是沉浸在自己的认知里，以为自己什么都懂，其实这是对自己最大的误解。

洞穴之喻

在信息茧房里，人们通常只认同自己的喜好、偏见和预设观点，缺乏多元化的信息和观点，甚至是排斥多元化。

比如你喜欢看篮球，于是刷微博、刷抖音的时候，大数据就一直推送篮球比赛的高能视频。慢慢地，你可能就觉得篮球是世界上最流行、最伟大的运动。可是你有的同学喜欢足球，他上网看到的就都是足球，他就会跟你说，足球才是世界上最流行、最伟大的运动。你就会很疑惑，网络上充满了观众为篮球疯狂的视频，哪有多少人在看足球。于是你们可能会争执起来，吵得不可开交。

其实，人们会有这种争执，是因为算法让每个用户看到的是不同的世界，每个人看到的都不是世界的全貌，就像盲人摸象，摸到的都是大象的不同部位而已。我们需要接触一些不感兴趣的领域，吸收更多元的信息，才能看到完整的大象。

中国有句古话，叫“兼听则明，偏听则暗”，也是提醒我们，要听取不同方面的声音，才能听明白；如果偏心只听一边，就找不出真相。

那我们要怎么做，才能突破信息茧房呢？我建议大家打开眼界，多接触不同领域的人和事物，看看更加广阔的世界，这样就不会被束缚在那一层茧里面了。

比如，你们可以打开自己社交媒体上关注的博主列表看看，他们大多是同样领域的还是不同领域的？如果你现在关注的人太过相似，可以专门去搜索一些不同领域和风格的博主，看看他们讲述的内容，或许会给你新的启发。

再比如生活中，我们除了要和自己喜欢的朋友们聊天外，还可以去多结交不同背景的新朋友，向他们了解你不曾想象过的世界和经历。当然，你也可以去学习辩论，从不同的立场去思考问题。

辩论的题目可以五花八门，远的可能聊外星文明存不存在，近的可能聊外卖骑手该不该辞职。很多题目，都是我们平常不会主动接触的议题，只要你开始准备比赛、开始查数据，算法就会发现你比以前更喜欢新鲜事物，茧房就出现了破口，你能看到的信息就会变得多元化。

课程回顾

信息茧房

信息茧房（Information Cocoons），由哈佛大学教授凯斯·桑斯坦（Cass Sunstein）在《信息乌托邦》（*Infotopia*）一书中提出，描述了公众如何仅关注自己选择的内容，从而将自己限制在一个狭小的信息空间内。

信息茧房会导致个人的认知和价值观固化，从而失去批判性思维和多元化思考的能力。它还会加剧社会分化和对立，因为不同的信息茧房之间缺乏有效地沟通和交流，容易引发群体极化和冲突。

在信息茧房中，个人主观选择和网络技术是主要原因。个人选择受认知偏差、心理偏好和社会影响左右，而网络平台则通过算法技术加剧了信息茧房的形成。

为了破除信息茧房，我们可以从以下两个方面进行尝试。

首先，提高分辨能力，强化自我反思和批判性思维，主动寻找和阅读不同来源和角度的信息。我们可以通过搜索引擎、社交媒体、新闻网站等平台，找到和自己观点不同或相反的信息，尝试理解和分析这些观点和论据，从而增加自己的知识面和思辨能力。

其次，保持开放和客观的心态，避免情绪化和偏激的反应。

不必完全接受或拒绝不同或相反的信息，而是要有选择地吸收和消化，形成自己的见解和观点。我们可以加入一些兴趣小组、社区论坛、在线课程等，与来自不同背景、经历、文化、价值观的人进行沟通和讨论，了解他们的想法和感受，分享自己的经验和看法。这样不仅可以增进我们对社会和他人的认识与理解，也可以拓展我们的社交圈子，结交更多有趣和有价值的朋友。

课后练习

学完了本节的课程，我们一起来思考这样一个问题：假设你可以选择辩论的立场，那你觉得，选你本来就支持的立场，还是你本来反对的立场，更能帮你摆脱信息茧房？为什么？

信息茧房中的精准投喂

16 质疑精神：质疑，才是科学进步的关键

学会质疑，可不只是“提出问题”那么简单！

让我来考考你：地球是什么形状的？

我相信你不假思索地就会回答：地球当然是圆的，它是一个球体！可是你知道吗，在古代很长的一段时间，人们都认为地球是平的。

其实仔细想想，我们也能够理解古代人的思想。毕竟，那个年代没有卫星可以拍摄地球的照片。他们从自己的家里望出去，发现外面的地面好像是平的，于是就认为地球一定也是平的了。

那么，人类后来如何认识到，地球原来是圆的呢？这就和我们今天要学习的质疑精神有关。

敢于对已知的知识甚至是常识提出质疑，这就是质疑精神。它要求我们保持怀疑的态度，并通过各种方式来寻求真实答案。在科学探索中，质疑精神是推动人类不断发现真理、拓展认知边界的重要动力。

回到地球的例子，在古代，虽然大部分人都认定地球是平的，但是总有许许多多拥有质疑精神的人，他们会想，地球真的是平的吗？有没有证据可以证明或者否定这一点呢？

于是，许多人开始积极地寻找证据。比如著名的古希腊哲

学家亚里士多德，根据月食时月面出现的地影是弧形，给出了地球是球形的第一个科学证据。公元前 3 世纪，古希腊天文学家埃拉托斯特尼，根据正午射向地球的太阳光和两观测地的距离，第一次算出地球的周长。16 世纪，航海家麦哲伦带领航海队绕地球一周，用实际行动证明了地球是一个巨大的球体。

探索地球的形状

所以我们就可以总结，质疑精神的核心有两个：第一，对已有的知识和观点提出质疑；第二，寻求答案。在科学发展史上，质疑精神的作用无处不在。

比如大科学家哥白尼。在他所处的时代，人们普遍相信地球是宇宙的中心，星星、太阳都是绕着地球转的，这种观念就叫作“地心说”。可是哥白尼提出了质疑，在近 20 年的时间里，他不辞辛劳日夜测量行星的位置，最终提出了“日心说”。

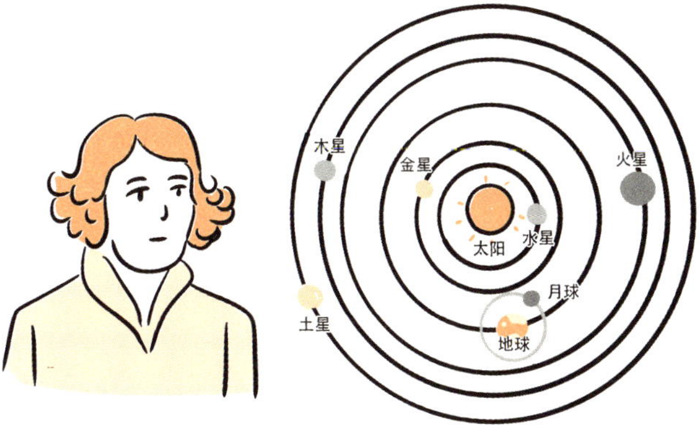

哥白尼的惊世发现——日心说

达尔文冒着生命危险，大胆质疑“上帝造人说”，坚持认为地球上现存的物种都是由更古老的物种演变而来的。他通过多年的实地考察，证明了自己观点的正确性，并勇敢地发表出来，终于使人们从宗教里上帝造万物的伦理叙事中走了出来，为后世的生物学发展做出了重大的贡献。

著名杂交水稻专家袁隆平敢于怀疑书本，从观察稻株中悟出天然杂交水稻的道理，颠覆了“水稻是自花授粉作物，没有杂交优势”这一世界权威著作的结论。

美国亿万富翁埃隆·马斯克（Elon Musk）在2002年创建太空探索技术公司（SpaceX）。当时火箭零部件的制造受到军方和美国国家航空航天局（NASA）制定的数百种规格与要求的制约。在大型航空航天公司，工程师们严格遵守这些金科玉律，马斯克则离经叛道，他要求他的工程师质疑这些规格要求，“所有要求都应该被当成建议，不可变更的金科玉律只有那些物理学定律约束下的条件”。

NASA 在空间站中使用的门闩，一个就要 1500 美元。SpaceX 的一名工程师改造了浴室隔间门上使用的插销，做出了一种闭锁机构，成本只要 30 美元。

“猎鹰 9 号”有效载重舱的空气冷却系统要耗资 300 多万美元，而一套商用空调系统成本是大约 6000 美元，随后 SpaceX 团队就买了一些商用空调设备，改造了其中的泵，然后把它用在了火箭顶部。

SpaceX 不仅用私有化产权的方式进入了航空航天领域，还彻底颠覆了这个行业的成本结构。这一切，都离不开我们所说的质疑精神。

最后，回到同学们的日常生活和学习中，质疑精神也是非常重要的。

比如，在小组合作的时候，我们就要发挥自己的质疑精神，对于小组提出的方案进行质疑，并寻求其答案，这样才能够帮助集体更好地找到最优的方案。

当小组提出了一个方案后，我们可以想一想，这个方案真的有道理吗？有足够的理由支撑吗？这个方案的代价是什么？有没有更好的方案可以替代？这样思考，可以帮助我们进一步改善小组的方案。

当然，有的同学可能会担心，自己的能力不算特别强，质疑到最后，有可能发现其实是自己错了。

如果你有这样的想法，那么就更应该在生活中发挥质疑精神了。因为这样可以有利于自己的进步。

再比如，你坐飞机的时候，有没有注意到，每次在飞机起飞和降落的时候，机组人员都会提醒我们，要调直座椅靠背，收起小桌板，打开窗户的遮光板。前两个我们比较容易理解，可是为什么飞机起降的时候要打开遮光板呢？这个要求是不是多此一举？

为什么要打开遮光板？

当你有了这样的质疑之后，就要去寻求答案。你可以问一问自己的父母、老师，或者上网搜索答案。

不过在这里，我要直接告诉大家答案。这是因为，万一飞机在起飞和降落的时候出现了故障，由于飞机离地面很近，打开遮光板有利于乘客第一时间看清外面的环境，也有利于救援人员清楚地掌握飞机内部的情况，以便快速采取最准确的对策。

经过了这样的一轮质疑之后，虽然我们发现航空公司的做法确实是对的，我们的质疑其实是不成立的，但是在这个过程中，我们增长了知识、获得了成长。

因此，在日常生活中，我们也要更多地发挥质疑精神，尤其是课堂上，面对老师讲解的知识，我们要积极提出问题，与老师进行交流，这样才能帮助我们更深入地理解知识。

课程回顾 质疑精神

质疑精神（Questioning Spirit）是一种哲学观点，持有这种观点的人认为，认识的可能性受限于思维的局限性和思维客体的不可接近性。极端质疑精神认为，所有的认识都是不可能的，但是这在逻辑上是不可接受的，因为这个命题自相矛盾。

现代质疑精神最伟大的支持者是 18 世纪的英国经验主义哲学家大卫·休谟（David Hume）。

1748 年，休谟首次出版了《人类理解研究》（*An Enquiry Concerning Human Understanding*），全书共分十二章，第一章为绪论，第二章简述基本理论，以后各章提出了一系列怀疑，从而构成了一个怀疑论的理论体系。

《人类理解研究》集中反映了休谟的哲学思想。他力图把经验论原则贯彻到底，从而结束了近代英国经验论。他把怀疑论观点贯彻到他所涉及的一切哲学问题中，在西方哲学史上建立了一个比较特殊的、独具一格的哲学体系。

课后练习

学完了本节的课程，请你利用质疑精神去思考一下，为什么红绿灯都是红灯停、绿灯行，而不是绿灯停、红灯行呢？

质疑让我们不断成长

17 事物具有两面性：换个思路，人生豁然开朗

"塞翁失马，焉知非福！"

中国有一个经典的寓言故事。

战国年间，在边塞住着一位老人家，他家里养了一匹马。有一天，这匹马自己跑出了边界，进入了胡人的地界，按照当时的情况，这匹贵重的马一定是找不回来了，于是村里的人纷纷来安慰他。但是这位老人却说："马虽然弄丢了，但是这说不准会是一件好事呢。"

果然，过了两天，这匹马自己回到了家，不仅如此，它还带回来了胡人的一匹骏马。村里的人又纷纷来恭喜他，庆祝他失而复得。但这位老人却说："多了一匹马，这也可能是件坏事。"

几天之后，老人的儿子骑那匹胡马的时候跌了下来，摔断了腿。大家都觉得天降灾祸，但是老人还是和大家想的有所不同：这也许不是祸，而是福啊。

结果，胡人和内地边境起了冲突，官府征兵，村上的年轻男子都被带走了，不少人战死沙场。老人的儿子却因为腿断了没被征兵而得以幸存。

后人根据这个故事总结出一句俗语，叫作"塞翁失马，焉知非福"。其中的道理就是：一件事情发生之后，我们不应该天然地觉得这是绝对的好事或者是绝对的坏事，而是要把这件事情的结

果分成两面，既要看好，也要看坏，这样我们才能够看到事情的全貌。这种明白事物具有两面性，并以此来分析事情的思考方式，就是这一节要教给大家的思维方式。

塞翁失马的故事

在塞翁失马的寓言故事中，每一件事情发生之后，村子里的人都会有一个天然的反应，觉得这是一件好事或者坏事，于是就赶紧来恭喜或者安慰老人。但是老人家有智慧的地方就在于，他能够意识到这件事情对自己的影响并不是单一的：很多人眼中的“好事”，有可能是一件坏事；同样的，很多人眼中的“坏事”，也有可能是一件好事。他明白永远会有两种可能存在，才在故事中做出了多次准确的预言。

我再讲一个关于孔子的故事，帮助你再感受一下这种思维方式的厉害之处。

在中国古代名著《列子》一书中，记载过这样一个故事。孔子的学生问孔子："您的学生颜回是一个什么样的人？"孔子说："颜回非常仁义，他的仁义比我还要强。"学生又问："那您的学生子贡是什么样的人呢？"孔子说："子贡的口才在我之上。"学生听到这里就很不理解，问孔子："您的学生既然都比您强，那为什么要拜您为师呢？"

孔子对他说："颜回确实非常仁义，但是仁义到不懂得变通；子贡的口才十分好，但是这种优秀让他不谦虚。他们的优秀之处是我不能比的，但是他们身上的缺点也是我没有的。所以，他们愿意拜我为师。"

孔子对两位弟子的评价，正是使用了我们刚才教给大家的"事物具有两面性"。对于人身上的特点，一定要一分为二地看待，既看到优秀的地方，又看到不足的地方，你才有可能像孔子一样，客观、全面地评价一个人。

懂得用一分为二的思维看问题，会让自己变得更聪明。因为，如果你可以养成这种习惯，你就能够比别人更快地看到一件事情的影响，更快地找到下一步的对策。

比如，因为工作和学习太忙，你和父母很久没有一起过周末了，所以计划这周全家要一起出去野餐。但是天公不作美，周六早上突然下起了大暴雨，野餐计划只能泡汤。这看起来是一件很糟糕的事情，但是想想学过的"事物具有两面性"，下大雨是一件坏事，但有没有可能是一件好事呢？

外面下大雨，爸爸妈妈就不会出去，肯定会一直待在家里陪你，那你们就可以安排一些室内的活动，比如说一家人窝在沙发上看场电影，全家上阵做一顿丰盛的晚饭，这些体验都是野餐实现不了的。这么想想，被暴雨困在家里，好像也没有那么糟糕。

换个角度看问题，也没那么糟嘛！

再比如，初中升高中，大家都想考到好学校，可是结果一定是有些人考到重点高中，有些人考到普通高中。那么，考到了好高中的人就可以高枕无忧，考到了普通高中的人就应该自暴自弃吗？

我们用“事物具有两面性”来分析一下这个结果。有种说法是“宁做鸡头，不做凤尾”：在重点学校，大家都非常优秀，尽管拼尽全力，你也许仍是最普通的一名学生；在普通中学，你也许会有更多的机会展示自己，也有利于增强自信心。

再比如，随着科技的进步，大量的电子设备不断地进入人们的日常生活，给我们增加了许多便利。但你想过吗？这些高科技在方便人们的同时，是否也带来了一些副作用？比如电脑，我们可以用电脑听音乐、玩游戏、看新闻、社交，但它对我们的眼睛特别不利，让越来越多的人早早就戴上了眼镜。比如空调，是每家每户的常用电器，它能起到“冬暖夏凉”的作用。但现在空调使用广泛，也是全球变暖的一个原因。冰山融化，生物灭绝，更大的灾难也将降临到人类头上。

因此，世间的事，都是好与坏、美与丑、对与错、是与非并存的。我们在看待事物时，应该从正反两面进行全面的分析和思考，以避免片面的看法和决策。这要求我们保持开放的心态，从不同的角度和立场来理解事物，以实现更加全面和客观的认知。在面对选择时，我们往往需要权衡利弊，选择利大于弊的一面。在遇到困难时，不崩溃，要多想想积极的一面，勇敢地去面对！

课程回顾 事物具有两面性

事物具有两面性，是指每件事物都包含正面和负面、有利和不利的影响。这两种方面是相互依存、相互制约、相互辩证而又不可分割的，它们构成了事物的两面性。例如，一个硬币有正反两面，它们相互依存。

事物两面性的表现形式是指，一切事物都有其内因和外因两方面，即事物本身的内在性质和与事物关联的外在因素。例如，一朵花有颜色、形态、气味等内在特征，同时还有外部的环境条件、生长状况等因素，这些因素与事物本身密切相关。

掌握事物的两面性理论对科学、社会和个人都具有重要意义，它帮助我们更全面、客观地认识和理解世界，推动科学进步，促进社会发展，提高个人思考和解决问题的能力。因此，我们应当重视事物的两面性，不断深化我们对事物本质和关系的认识，为人类的进步和发展做出积极的贡献。

课后练习

学完了本节的课程，我们一起来思考这样一个问题：你某次考试考了满分，这无疑是件特别值得高兴的事情，但是请用一分为二的观念想想看，这件事情可能会有什么坏处呢？

事物具有两面性

18 因果倒置：如何识破网上不靠谱的素材

常健身就能有高收入，这到底是怎么回事？

我来问你一个问题：你家里有没有养宠物，比如猫？如果你在养宠物，或者将来打算养宠物的话，下面这一项研究，你需要仔细听好。

在全世界文章刊载数量最多的学术期刊 PLOS ONE 上面，曾经刊登过一项研究结果：在考察了超过 130 万人的健康记录后发现，被猫咬而接受治疗的人群中，竟然有 41% 同时诊断出患有抑郁症。

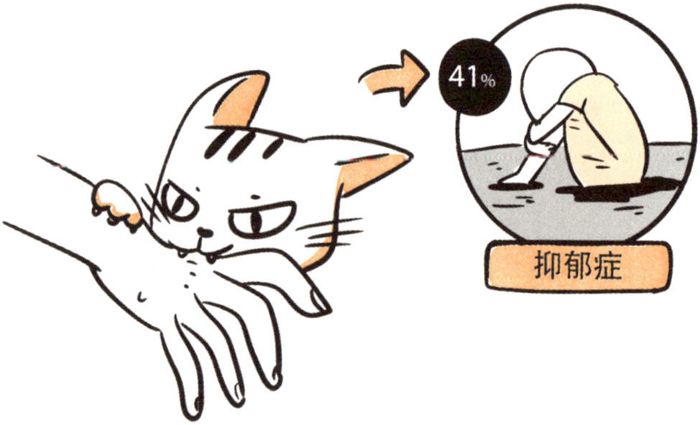

被猫咬伤更容易患抑郁症？

听到了这个消息，你的第一反应是什么？你是不是觉得这太可怕了？难道猫咪身上有一些奇怪的病毒吗？一旦被猫咪咬到，就会增加患病的风险？那以后是不是一定不要养猫了？

但是等等，你们也都学习过科学知识，知道宠物都是要打疫苗的。猫咪身上这些对人有害的病毒，在这个时候早就被清除掉了！

既然如此，那么刚才说的那个研究怎么解释呢？这就和我们今天要学习的知识点有关。我们今天要学习的这个逻辑谬误，就叫作因果倒置。

什么意思呢？就是说，当两件事同时发生的时候，我们可能常常会下意识地觉得，是第一件事导致了第二件事的发生。换而言之，第一件事是原因，第二件事是结果。但是，有没有可能，我们把因果给搞反了。事实上，第二件事是原因，第一件事才是结果？

在逻辑上，如果我们把一件事的原因和结果搞反了，自然就会得出错误的结论，这就是因果倒置的谬误了。

让我们用因果倒置的知识点，重新来看一下刚才说的那份研究。

我们刚才听完了那份研究之后，第一反应是，因为被猫咪咬伤，所以更有可能患抑郁症，对不对？

这句话中的原因是：被猫咪咬伤；结果则是：更可能患抑郁症。

现在我们来想一想，这句话中的原因和结果会不会反过来了？换而言之，不是因为被猫咪咬伤，所以才更容易患抑郁症，而是因为患了抑郁症，所以才更容易被猫咪咬伤？

这么一想，好像就很有道理了。你想想看，一个罹患抑郁症的人，他如果养一只宠物，可能对于他的心理健康有好处。对于一个患有抑郁症的人来说，他未必很喜欢出门遛狗，所以养宠物就很容易选择养猫。如果各位同学家里养过猫就会知道，和猫咪玩耍的时候，是很容易被咬到的。那么，既然抑郁症患者比较容易选择养猫，自然就容易被猫咬伤了。因此，不是被猫咬伤导致了抑郁症，而是抑郁症患者更可能会养猫，才更可能被猫咬伤。

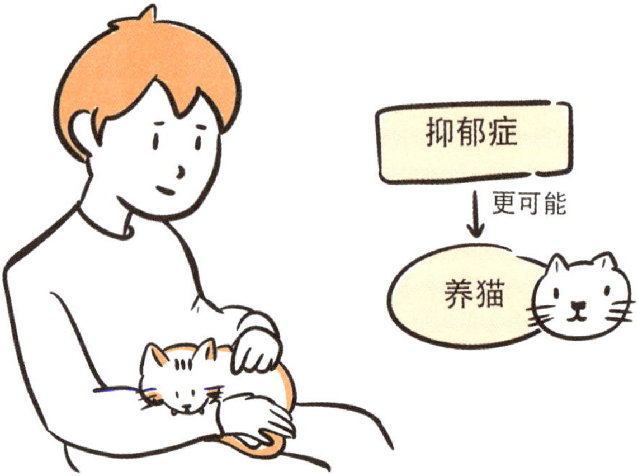

抑郁症患者更可能养猫

我们这样一想，是不是就很有道理？当然，事实的真相到底是什么，还有待研究。可是如果我们不懂得因果倒置的谬误，就很容易被一些唬人的结论给忽悠。

其实，我们在生活中，也常常会看到很多的广告或者推送文案，这些文案中，有时也会引用一些研究和数据，来证明一些看上去很唬人的观点。如果我们稍不留意，就很可能会被忽悠。

比如说，有的健身房会打出这样的广告：某统计表明，经常健身的人中成功人士的比例要高很多。所以这些健身房就告诉大家，快来健身，因为这样你就更有可能成为成功人士。

健身的人更可能成功

你看，这样一份广告，不仅有观点，还引用了数据，是不是看上去好像很有道理的样子？

可是如果学会了今天教给你的因果倒置，我们就要想一想，健身房的广告说，我们发现经常健身的人里面成功人士更多，所以是健身带来了一个人的成功。换而言之，经常健身是原因，成功是结果。

可是有没有可能，这个结论是相反的，其实成功是原因，经常健身是结果呢？

你想想看，去健身房是需要金钱和时间的，比较成功的人有更多的时间和金钱。因此，不是因为经常健身，所以一个人会成功，而是因为一个人比较成功，有时间也有钱，所以他才有条件经常健身。

了解了因果倒置的逻辑谬误之后，再面对这样的信息时，你就能够很准确地辨别其中的原因和结果了，并且留意一下，这个原因和结果会不会搞反了。在这个信息爆炸的时代，面对浩如烟海的资讯，我们更需要拥有一双雪亮的眼睛，看穿很多不靠谱的观点。

课程回顾　因果倒置

因果倒置是一种在相对确定的条件下把原因和结果相互颠倒，视结果为原因和视原因为结果而引起的谬误。

A和B两个事件之间有逻辑关系，那么判断是A引起B，还是B引起A，就成了A和B两个事件关系的首要因素。一般来说，原因在时间上先发生，结果在时间上后发生。如果因果关系搞反，那么A和B之间的关系就会截然相反。

大脑的思维机制导致人们经常会犯因果倒置的错误，人们总是倾向于快速地思考，从而快速地得出结论。当事情发生的原因有很多时，人们通常会选择最简单的原因得出结论，这就容易导致结论出现错误。

所以，不管是我们得出结论，还是听别人的结论，都要尽量保持客观审慎的态度。要想避免因果倒置带来的负面影响，就要在面对一个结论的时候试着去思考：这个结论是否符合科学常识？是否有过研究证明？有没有客观数据支撑这个结论？如果没有，试着将结论的原因和结果反过来，问问自己是否成立。

课后练习

学完了本节的课程，我们一起来思考这样一个问题：有研究小组调查显示，在封闭环境中入睡的人更容易频繁醒来，睡不好。因此，有人认为，就寝时关闭门窗将会降低睡眠质量。利用因果倒置的知识点，你能够反驳这个结论吗？

正确把握因果关系

第四章

决策与判断

亚马逊创始人贝索斯曾做过一场广受赞誉的演讲，他提出:“伟大的人生与选择紧密相关，选择比天赋和财富更为重要。”

的确，我们每天都在做出各种选择，一个明智的选择可能带来巨大的成功，而一个错误的选择则可能导致失败。选择至关重要，但遗憾的是，在做出重要决策时，我们的大脑往往不够理性。人们常形容自己在做选择时“一时冲动”或“头脑一片空白”，事后往往感到后悔。

那么，我们的大脑是如何在选择时工作的？如何做出更明智的决策？在这一章，我们将一起探讨这个话题。

19 控制错觉：每个人都渴望控制感

在电视前“指挥”球员的球迷，他们都疯了吗？

请想象一个这样的场景：

在数学课上，数学老师说：“我要叫一位同学来回答昨晚作业那道大题的答案，而且把你解题的过程也要说出来。”恰巧，你昨晚因为太困没有写这道大题，于是非常害怕被老师叫到。这时，你心里会想什么呢？

我猜大部分同学都会在心里默念：不要叫我不要叫我不要叫我……可是请想一想，数学老师明明是随机点人的，你不知道他会点到谁，你也根本不能控制他点到谁，那为什么还要在心里默念“不要叫我”呢？

这就是一种很常见的心理现象，叫作“控制错觉”。

这个概念来自美国的一位心理学家，她研究发现：如果我们对一件事有高度的期待，但其实又有些无能为力，我们就很容易出现控制错觉，想做点什么来影响结果，哪怕事实上你做的事情对结果毫无影响，这样的动作也会让自己稍稍安心。

在数学课的场景中，你很在意老师会不会叫到自己，因为万一叫到了自己就会出丑，这件事情对你而言很重要。但是，你并不能影响老师的决定，这又满足了无能为力的条件。所以你就出现了控制错觉，觉得只要自己在心里默念“不要叫我”就能够影响结果，让老师真的不要点到自己。这就是控制错觉对于这件事情的解释。

不要叫我……

再比如，很多人看球赛的时候，会帮支持的球队呐喊加油，有的人还会像教练一样，对球员喊话。这也是一种控制错觉。

有些人看球赛有种怪癖，就是很怕自己一直盯着看，会给支持的球队带来霉运，把球队给看输了，所以宁愿转台不看，只是偶尔转回去一两秒，偷看一下比分。这虽然很不理性，但只要球队输了，总会有球迷检讨自己："我干吗要看直播？不看不就赢了嘛！"

理性告诉我们，我们不可能把比赛"看"输了，因为两支队伍在另一个地方打比赛，和正在看直播的你明明就没有任何关系。但人们在日常生活中的主要行为模式，都是依靠自身的努力来加以控制的，所以会下意识地将这种"努力会换来控制感"的行为模式，错误地推及所有事情上面，包括一些极其偶然的事件，比如老师的点名、球赛的输赢等。

疯狂指挥场上球员

这样的例子在生活中也非常多。我小时候上学，每到考试的那天早上，爸妈就会给我煮一根香肠、两个鸡蛋，因为它们组合起来的形状看起来很像 100 分，他们觉得我吃了这个“100 分”，就一定能考 100 分。现在你们听到这件事应该不会觉得奇怪了吧！因为你们明白，这就是人们的控制错觉而已。

控制感是人类的一种本能，它基于安全感和成就感。人们有计划地安排自己的生活，同样是控制行为的表现。我们为了让生活更有秩序，会刻意规划一系列活动。我们可以决定自己在什么时间，去见什么人，去做什么事。这一切都是为了让我们意识到，生活在我们的控制之中。如果一个人的成功与否，完全不是自己所决定的，那么人们就不会追求成功，不会追求自我实现。所以人非常需要控制感，如果我们觉得自己束手无策，没办法影响结果，就会感到恐惧和焦虑，于是也就可以理解，为什么我们会想各种办法来体会“可以控制结果”的感觉了。

但是这种控制错觉，是一种非理性的心态，有可能会导致一些很离谱的行为，比如疯狂买彩票、沉迷赌博等。人们放大了自己对未知事物的控制能力，错误地认为自己可以影响结局，因此沉迷其中，结果却造成巨大的损失。这种不理智的行为不值得提倡，因为偶然性的事情与我们的能力和技术没有直接关系，我们无法用自己的思想控制它。因此，对待中奖和赌博赢钱等偶然性的事情，应该正确认识到自己无法控制结局，不能过分执拗，在没有任何规律可循的事情上浪费时间和金钱。

那么，我们是不是要坚决禁止控制错觉呢？

心理学家的建议是：不一定要消除控制错觉。因为人真的很需要控制感和安全感，有的时候，即使我们明知道不够理性，也会愿意选择更能带来控制感跟安全感的事物或行为。

所以，让自己的控制力维持在一定的范围内是非常重要的。没有控制力我们会感到绝望，控制力过剩我们会做出错误的决定。只有接纳自己的控制力是有限的，才能够享受美好的人生。

我们要做的，就是明白这个心理现象，然后不要迷信这个心理现象。在遇到对你真的很重要的事情时，要知道，只有脚踏实地地努力才有可能获得你想要的结果，不能投机取巧，期待奇迹。比如在考试之前，不要像我一样吃一根香肠、两个鸡蛋了，还是需要好好复习，这样才有希望考出一个好成绩！

课程回顾　控制错觉

控制错觉（Illusion of Control），指高估自己对外在事件的影响力，认为事情是受自己控制或影响，但实际上可能与自己毫无关系的认知偏差。

这个概念由哈佛大学心理学教授埃伦·兰格（Ellen Langer）于1975年提出，并在期刊《人格与社会心理学期刊》发表论文《控制错觉》（"The Illusion of Control"）。

埃伦·兰格教授认为：日常生活中有两类情境——技能和机会。在技能情境中，结果与个体行为有关，但是在机会情境中，结果则与个体行为无关。但当机会情境中出现选择权、竞争性、熟悉度、卷入程度等与技能情境类似的特征时，个体则容易忽略概率问题，而将结果归为自己的才智和技能，出现控制错觉，错误地认为自己可以控制结果。

她进行的实验中最为著名的是彩票实验。将参与实验的人分成A、B两组，所有人都花上1美元来购买一张彩票，这样就有机会中得百万美元的巨额奖励。A组参与人被要求自己选择彩票，B组参与人则随机抽取彩票。随后，调查两组参与人是否愿意出让彩票，并愿意以什么价格来出让。结果显示，不愿意出让彩票的参与人，2/3来自于A组。在愿意出让的参与人中，机选彩票的转让价是1.6美元，而自选彩票的转让价是8.6美元。

心理学家认为适度的控制错觉是有利的。能够给人以安全感和控制感，增加个人的满足感和幸福感，能够提升自尊，让人们以一种更积极的眼光看待自己、世界和未来。

但同时，控制错觉也容易让我们犯下愚蠢的错误，比如沉迷赌博。我们所要做的就是认清控制错觉的本质，保持清醒的头脑，尽量避免控制错觉给我们带来的负面影响。

课后练习

学完了本节的课程，我们接着来进行一个小交流，你有听过什么幸运球拍、幸运球吗？有些球员，为了让自己能够赢得比赛，就非常相信有所谓的幸运球拍这件事情。你呢，有没有在参加什么比赛时，因为觉得紧张，为了确定自己能够胜出，而有一些属于自己的幸运手势、幸运口号或者幸运球拍呢？

不要夸大自己的控制力

20 锚定效应：认识“第一印象”的魔力

为什么打折商品的价签上，一定要写上被划掉的原价？

心理学上有个概念，叫作“锚定效应”。悟透了这个概念，你就能够理解第一印象是如何影响人的行为选择的，懂得我们要如何更好地利用锚定效应，来实现自己的目标。

我们平时逛街时或许经常看到，商品的价签上总是会写两个数字，一个是写得很大的原价，例如 599 元，然后划掉，再写上现价 199 元，这时很多人就会觉得超级划算，很有想买的冲动。这是为什么呢？

令人心动的折扣价

这就是锚定效应的威力。

锚定效应，指的是人们在对某人某事做出判断时，易受第一印象或第一信息的支配，就像沉入海中的锚一样，这会把人们的思想固定在某处。这就导致人们很难摆脱第一印象的禁锢，后续的判断大概率是依照第一印象进行的。

你在看到图中的商品时，第一眼一定会落在字体很大的原价599元上，这时，这个第一信息就在你心中落了一个锚，它就成为一个标准，所以下一眼当看到现价是199元的时候，你就会对照之前心中的标准，感觉这太划算了，才会很想买。

1974年，心理学家丹尼尔·卡尼曼（Daniel Kahneman）和阿莫斯·特沃斯基（Amos Tversky）通过一组实验来验证锚定效应。实验要求参与者估计非洲国家在联合国所占席位的百分比。由于总数是100，所以实际上他们只需要猜一个在0到100之间的数字就可以了。

实验步骤如下：

1. 参与者先通过旋转罗盘随机选择一个0到100之间的数字。

2. 接着，他们被告知这个数字比实际值大还是小。

3. 最后，参与者根据提示向上或向下调整这个数字，得出他们的估计值。

结果显示，有两组参与者分别得到轮盘上的数字10和65，并以此为起点做出估计。这两组的估计数值中位数分别是25和45。即使参与者知道轮盘上的数字是随机的，与他们的估计无关，也会受这些初始数字的影响。这就是锚定效应的体现。

再比如你到一家咖啡厅，点单的时候发现咖啡是50元一杯，这时你心里可能会犯嘀咕，以前喝的咖啡也就20元或30元一杯，这家为什么这么贵?

然而如果你进入咖啡厅，首先看到的是柜台上摆放的矿泉水标价 30 元,接着再看到咖啡 50 元,这个时候你心里很可能会觉得，一瓶水都要 30 元，咖啡才 50 元，而且这家店的装修看起来也蛮高档，这么说来咖啡也还不算贵。这就是我们做决策时的一些心理变化，不同的参照物，会诱导我们做出不同的决定。

利用锚定效应的经典营销手段

懂得了锚定效应之后，在日常学习、生活中，我们可以怎么利用它呢? 很简单，就是重视第一眼效应，在首次能够留下印象的时候多下功夫，给别人一个印象很好的“锚”，这样就更容易达到你想要的目标了。

比如说同学们在参加比赛、升学面试的时候，就可以请老师、父母帮你选择最得体的衣服，收拾得干净利落，这往往能够给人一个良好的第一印象，在评委心中产生锚定效应，让他们觉得你是个很优秀的学生，这样他们在做决策的时候，也就会容易偏向于你。

可是我也要提醒你们，虽然锚定效应告诉我们第一印象非常重要，但是我们也要做到始终如一，只有从始至终都有一个好的行为表现，才能够获得别人真正的信任。

比如说，你在班级要竞选班长，那么你就一定要精心准备自己的竞选演讲稿、PPT，注意当天的仪容仪表，给老师和同学们留下一个很棒的第一印象，利用这场竞选的锚定效应让大家对你产生好感。

但是别忘了，在竞选成功之后，你一定要履行诺言，认真为班级同学们服务，做出表率才行。不能觉得有了锚定效应之后，第一眼的好印象就能永远发挥作用。相反，同学们心中对你的锚定效应也是一个监督的标准，时刻看着你是不是能做到和最开始一样优秀。所以说到底，言行一致、始终如一才是真正的优秀。

最后，除了重视锚定效应外，我们还可以怎么做，尽可能地不让自己被锚定效应所迷惑呢？我们可以通过一些积极的措施来减轻心理错觉对我们的最终选择和判断的影响。

1. 增强自我意识，坚持独立思考，不轻易被其他因素干扰；

2. 从不同角度思考同一个问题，打破锚定效应，避免第一印象先入为主；

3. 信息整合，在做决策前，尽可能获得更多的信息，并将各项信息整合，从而对整个事件或事物有个更为全面的了解，这样能够减少决策的失误。

做到这些，我们就可以既不因为别人的锚定效应而吃亏，也不会因为自己的锚定效应而误会别人了。

课程回顾 锚定效应

锚定效应（Anchoring Effect），又称“沉锚效应”，是一种重要的心理现象。它是指人们在做决策时，易受第一印象或第一信息的支配，就像沉入海中的锚一样把人们的思想固定在某处。沉锚效应在生活中普遍存在，第一印象和先入为主是其在社会生活中的表现形式。

锚定的含义是，人们容易把对将来的估计和已采用过的估计联系起来，在对某件事的好坏做评估的时候，其实并不存在绝对的好坏，一切都是相对的，关键看基点的定位。基点定位就像一只锚一样，决定了评价体系，也就决定了好坏。

锚定效应最早是1974年由丹尼尔·卡纳曼和阿莫斯·特沃斯基在论文《不确定状况下的判断：启发式和偏差》（“Judgment under Uncertainty : Heuristics and Biases”）中提出的。

锚定效应是一种普遍存在的心理现象，它会影响我们在各种情境中做出的决策和判断。如果我们不注意避免它，可能就会因此做出错误的选择，或者错失良机。但是如果我们能够认识到它，并且采取一些方法来减少它的影响，我们就可以提高我们的思维质量和生活水平。

增强自我意识、逆向思维、多角度收集信息、借鉴他人经验、调整决策等方法，可以帮助我们尽量避免或减弱锚定效应。同时，知识、情绪、动机和时间压力等因素也会影响锚定效应的强度。在决策过程中，我们要时刻保持警惕，避免受到锚定效应的负面影响，从而做出更为明智的决策。

课后练习

学完了本节的课程，我们一起来思考这样一个问题：如果你现在要去参加一个升学面试，需要向心仪的学校提交一份简历，你会怎么设计这份简历，以便发挥锚定效应的作用，让考官对你有个较好的第一印象呢？

合理利用锚定效应

21 皮格马利翁效应：认识鼓励的力量

老师的一句话真的可以影响孩子的一生！

有没有人和你说过，对于自己身边的人，应该多赞美、少批评？这句话是非常正确的，但是你知道这是为什么吗？今天我会从心理学上解释，当你学会经常赞美别人之后，你和朋友之间的友情就会随之变得更加正向、健康。

美国著名心理学家罗伯特·罗森塔尔（Robert Rosenthal）与伊迪丝·雅各布森（Edith Jacobson）在1968年做了一个著名的实验。他们帮一所小学做智力测试，然后给学校提交了一份名单，说名单上的这些孩子是天才，特别有潜力，要好好栽培。

但实际上，罗森塔尔和雅各布森是在说谎。他们提交的名单是随机抽取的，跟智力测验无关，所以名单上确实有些学生很聪明，成绩名列前茅，但也有很多学生成绩不太理想，跟天才压根沾不上边。

而这个实验神奇的地方就在于，八个月后，罗森塔尔和雅各布森又拜访了这所学校，又做了一次智力测试，结果竟然发现自己的谎言成真了。之前那份“天才”名单上的学生，成绩都突飞猛进，好像真成了天才，而且不只如此，他们还普遍变得更积极活跃，更有求知欲，更有魅力。

夸赞使人进步

为什么会这样呢？罗森塔尔和雅各布森研究发现，这是因为老师的心态变了，教法也变了。名单虽然是假的，但老师以为是真的，所以老师对那些同学寄予厚望，给予了他们更多的关注、更多的机会、更多的指导。

甚至就连老师看他们的眼神、对他们说话的语气，都更积极、更热情，脸上有更多笑容，这些细微的变化都会潜移默化地感染学生，让他们慢慢地也变得更自信、更努力。罗森塔尔和雅各布森把这种神奇的变化称为“皮格马利翁效应”。

皮格马利翁是谁？他是古希腊传说里的一个国王，据说他非常喜欢一尊女性的雕像，觉得实在太美了，于是他就像对待真人一样珍惜它，给它穿衣打扮，怕它寂寞，还对它说话。后来，一位神明被皮格马利翁的心意所感动，把这尊雕像变成了真人，皮格马利翁欢天喜地地跟她结了婚。

罗森塔尔与雅各布森发现，老师因为把学生当成很有潜力的人，付出了更多的关爱跟努力，久而久之，就真的激发了学生的潜力，让他们变得更优秀。这跟皮格马利翁的传说很像，所以他们就把这个现象叫作“皮格马利翁效应”。

皮格马利翁和女神像

当然，皮格马利翁国王的故事只是一个传说，雕像是不可能变成人的。但是这个故事和罗森塔尔与雅各布森的实验本质上是一样的，当你对别人寄予厚望时，别人就会按照你的希望去发展。

学者进一步研究后还发现，如果这个对你寄予厚望的人是你喜欢、信任的人，那皮格马利翁效应会更加明显。

这就给我们一个启发，在学校中跟你比较亲近、比较信任你的人，你的判断会对他有很大的影响。如果你担任班长一职，或者是队伍中的核心人物，那你就一定要注意自己平时对待大家的方式。

那你跟他们相处的时候，该怎么做呢？我的建议就是：尽量多夸奖、少批评，因为你跟他们相处的方式，会自然而然、潜移默化地影响他们。如果我们积极地表扬，给予正面的期待，把他们当成罗森塔尔与雅各布森实验里的学生，他们就可能会真的越变越好。

当然，皮格马利翁效应除了在领导团队的情境中很有用外，在我们平时与朋友相处的时候也非常重要。因为，如果你常常夸奖身边的小伙伴，小伙伴也会更喜欢你，他们也会更愿意夸奖你，形成正向循环，那么你们之间的关系就会变得越来越和谐。

那我们该怎样夸别人呢？我来教你两个诀窍。

第一个诀窍是“表扬现在”。什么意思呢？就是你观察一下，他最近做了什么可圈可点的事情，你要表示你的欣赏。比如他参加比赛赢了，或者在课堂上解决了一道难题，你都可以夸夸他。

重点是，你不要泛泛而论，而是要把他具体做了什么讲清楚，比如说：“刚才的篮球比赛，你最后进的那个球，特别漂亮！”或者：“我觉得你能答对老师刚才问的那个问题，蛮厉害的。”你要讲具体，他才会有“被看见”“被注意”的感觉，夸奖的效果才会更好。

但也许你会说：“可是我觉得他最近没什么好夸的，反而有很多槽点。”

所以我要告诉你第二个诀窍，“鼓励未来”。就算对方有什么不足，你不想夸他，也不要一直数落他。比如他最近考得不好，你可以说："我觉得这不算是你正常的表现，你多复习，下次肯定能扳回一城。"尽量用正面的期待，来取代负面的批评。

表扬不能泛泛而谈

在我们的生活中，父母、老师、同学、朋友对我们的期望，以及我们对他们的期望和对自己的期望，都会对我们的生活产生影响。假如你对身边的人和自己有积极的期望，那么你的生活一定会变得更好！

课程回顾

皮格马利翁效应

皮格马利翁效应，也称“罗森塔尔效应”，是一种期望效应。这个效应表明，人的情感和观念会不同程度地受到别人下意识说的话的影响，人们会不自觉地接受自己喜欢、钦佩、信任和崇拜的人的影响和暗示。

皮格马利翁效应于 1968 年由美国著名心理学家罗伯特·罗森塔尔与伊迪丝·雅各布森，在《课堂中的皮格马利翁：教师期望与学生智力发展》(*Pygmalion in the Classroom: Teachers' Expectations and Pupils' Intellectual Development*)一书中提出。他们认为，教师对学生的期望，会在学生的学习成绩等方面产生效应。如教师寄予很大期望的学生，经过一段时间后测试，他的学习成绩相比其他学生的有明显提高。

皮格马利翁效应的启示就是，当一个人对某件事或某个人抱有强烈的期望时，他的赞美、夸奖和愿望会成为一种心理暗示，他的期望会通过这些积极的暗示或鼓励，促使被期望者产生相应的行为或态度变化，让被期望者在无形的力量的助推下，按照他的期望去做。这是一种潜移默化的力量，有效地发挥其积极作用，就能让被期望者成为你所期望的样子。这种效应并不仅限于教育领域，它还广泛应用于家庭、职场、社交等多个领域。

皮格马利翁效应体现的实际上就是心理暗示的力量。你期望什么，你也就会得到什么，但是你得到的不是你想要的，而是你期待的。比如你想要考年级第一名，但是在内心深处又觉得这是一件不可能实现的事情，它就很可能真的难以实现了。只有充满自信地期待，只有真的相信事情会顺利进行，事情才会顺利进行；反之，如果你相信事情会不断地受到阻力，这些阻力就真的会产生。

成功的人对生活和工作都有着充满自信的态度，相信好的事情一定会发生。这种被称为积极期望的态度才是赢家的态度，由此你才会得到所期望的结果。

课后练习

学完了本节的课程，我们一起来思考这样一个问题：假设小迪代表班级参加演讲比赛，他认真准备了很久，最后却因太紧张没发挥好，你准备怎么和他沟通呢？

用积极期望的态度才会得到期望的结果

22 边际效用：继续做这件事，还值不值得?

"这个汉堡很好吃，但不如前八个好吃！"

这一节，我来介绍一个经济学领域很重要的概念，叫作"边际效用"。它能够向你展示付出和收获之间的规律，从而让你在做决策的时候能够更加理性、周全。

首先，我来问你一个很现实的问题。假设你需要在有限的时间内把学习的总成绩提高 10 分，摆在你面前的有两个选项：一个是花精力在自己很擅长的科目上，把它从现在的 90 分提高到 100 分；还有一个选择就是把时间花在自己不太擅长的科目上，把它从现在的 70 分提高到 80 分。你会怎么选择？

如果是一位经济学家来做这个选择，他一定会选择花时间在 70 分的科目上。大家想想看，固定时间内，我们在学习上能投入的时间、精力是有限的。所以我们做这个决定的依据就是：在同样投入的情况下，哪个科目的提升效果最明显，就选择哪个科目。根据我们上学的经验来讲，从 90 分提高到 100 分是一件非常难的事情，很多人拼尽全力也未必能做到，但是从 70 分到 80 分，只要稍微多努力一些就可以，相对容易做到。

这种在做决策的时候，我们考虑的投入和回报之间的关系，就是边际效用。经济学家认为，人们在消费一种商品，或是为某事付出努力时，每增加一分投入，所带来的回报是不同的。通常来讲，最开始的回报是最多的，也就是说边际效用最高，而越到后来，回报就会越来越低，这个过程就叫作边际效用的递减。

经济学的语言可能会有一些抽象，我举一个生活中的例子来做解释。比如你现在非常口渴，想要喝水，当你喝下第一杯水的时候，会觉得特别畅快，解了燃眉之急，第一杯水对于你的效用是最高的。但是喝第二杯水的时候，因为没那么口渴了，所以感觉一般，再往下喝第三、第四杯的时候，你就会觉得喝这个水没有什么用了，甚至因喝太多了还会觉得不舒服，这个过程中，水对你的边际效用就在不断地下降。

边际效用递减

懂得了边际效用的规律之后，我们可以利用它做出判断。意思是在时间和精力有限的情况下，我们可以先分析做这件事情的边际效用处于什么状态，是高还是低，而后把资源投入边际效用最高的选项中，这个决策才是相对比较合理的。

比如，你和朋友一起在麦当劳吃汉堡，每人都吃了一个之后，觉得意犹未尽，还想再吃点什么，那么你会再叫一份汉堡还是换一个麦旋风？这个时候你就可以考虑一下这两个选项的边际效用。汉堡已经吃过一个，同样的口感和饱腹感重复一次效果一定是下降的，但是麦旋风完全不同，效用是新鲜且独特的，所以麦旋风看起来才是一个更好的选择。

汉堡 vs 麦旋风

听到这里，可能有同学就会问了，也不是所有的事情都能做取舍的，像是我平时在学校里要学习的科目，就算付出与回报的边际效用在递减，我也不能随便放弃呀！是的，我们当然不能放弃，但是我们可以用一些方式来增加新鲜感，提升边际效用。

比如，我平时会去健身房锻炼，但如果总是在跑步机上跑步，慢慢地锻炼效果就会变差，跑步的边际效用也会递减。这时不放弃健身的最好方法，就是换一种形式，比如游泳、骑单车，这些形式的边际效用还是很高的，同样能够达到健身的效果。

对于学生来说，如果一直闷头刷题让你变得疲惫，不妨换些形式，比如在小组里做知识分享，参加一场辩论赛，看看纪录片，等等，这些新的形式都会给你新的体验，来帮助你提高学习的边际效用。

换个方式，提高边际效用

另外，请思考一下，很多人都喜欢的网络游戏是否也遵循边际效用递减规律呢？你们可能会说，不符合，因为打游戏会越打越上瘾。

其实不然，即使是玩家容易成瘾的网络游戏，边际效用递减规律也是有所体现的。你之所以会觉得网络游戏体现不出来边际效用递减规律，是因为网络游戏在设计的时候就充分考虑到边际效用问题，经常会不断改善游戏体验来使玩家边际效用的递减变慢，提高玩家对游戏的依赖性，使玩家玩游戏成瘾。

比如网络游戏都具有很强的趣味性，引人入胜的视觉画面、动听悦耳的背景音乐以及扣人心弦的故事剧情等，这些都会导致边际量的下降变慢。网络游戏还会避免重复性任务，不同阶段发布不同任务，增加任务可变性，降低玩家的无聊心理，这也是在有意避免边际效用递减发生作用。

理解了网络游戏的设计理念之后，当你对某款游戏欲罢不能时，理智思考一下其中的逻辑，或是有意让自己对抗一下游戏设计者降低边际效用递减速度的把戏，释放出更多的精力，去做更重要的事情。

边际效用递减的现象告诉我们，凡事都要适度，过犹不及是有道理的。

课程回顾 边际效用

边际效用（Marginal Utility），也称为“边际贡献”，是指在其他投入固定不变时，连续地增加某一种投入，所新增的产出或收益反而会逐渐减少。也就是说，在增加的投入超过某一水平之后，新增的每一个单位投入换来的产出量就会下降。

边际效用理论最早由奥地利经济学家卡尔·门格尔（Carl Menger）、英国经济学家威廉·斯坦利·杰文斯（William Stanley Jevons）和法国经济学家莱昂·瓦尔拉斯（Léon Walras）在 19 世纪末提出。他们独立地发展了这一概念，将其应用于解释人们如何在资源有限的情况下做出最优选择，后被广泛应用于现代经济分析中。

在实际应用中，对产品所创造的效用进行分析，通过比较各方案的效用大小来确定最优方案时，需要注意边际效用的大小和方向，来更好地理解商品的需求和供给关系，从而制定出更为合理的经济政策。

边际效用虽然最早是经济学概念，但在心理学中同样有效。我们第一次接触某种事物时情感体验会格外强烈，第二次接触时会淡一些，第三次会更淡……以此发展，我们接触该事物的次数越多，情感体验也越为平淡，一步步趋向乏味。

边际效用的产生可以用两个原因来解释：一、从人的生理和心理角度，认为效用即人的神经的兴奋满足程度，外部的一个刺激，如吃东西刺激胃，人的神经兴奋就有满足感。随着同样刺激的反复进行，兴奋程度就会逐渐下降。二、从物品的多用途角度，认为消费者总是将最早得到的物品用在最重要的用途，依次得到的相同物品用在次重要的用途，这样，物品的边际效用就随着其用途重要性的递减而递减。

课后练习

学完了本节的课程，我们一起来思考这样一个问题。美国有一部经典动画片，叫作《加菲猫》，里面有一句很可爱也很搞笑的台词："嗯，这个汉堡包的味道不错，但不如前八个好。"学完了今天的内容之后，你来解释一下，看看加菲猫为什么会这样说？

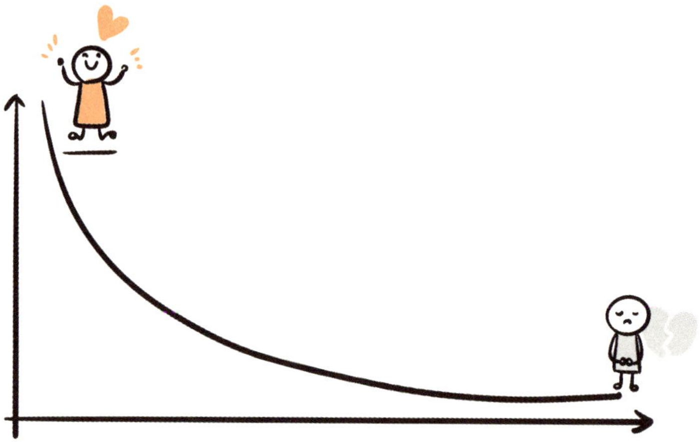

如何克服边际效用递减?

23 沉没成本：如何看待过去的付出

明明该放弃了，怎么就是放不了手？

先说一个英国经济学家的故事。这个经济学家叫作蒂姆·哈福德（Tim Harford），有一次，他和自己的妻子要从英国去法国旅游。

他们要从伦敦搭火车，通过海底隧道直达巴黎，票已经买好，旅馆也订了，万事俱备，只欠“出发”。

但就在火车发车的两个小时前，妻子突然身体很不舒服，一直呕吐，于是便打起了退堂鼓，想把车票退了，不去巴黎了。

可是因为临近发车，不准退票，在巴黎预订的酒店也没有办法取消。这个时候如果是你，你会怎么做呢？你会想要坚持一下，出发去巴黎吗？

你会不会觉得，票都买了，钱都花了，退不了了，那不如坚持一下，还是去巴黎吧，不然多亏呀！

其实，当时这位经济学家的妻子也是这么想的，她觉得如果不去，就太浪费了，还是勉强一下，出发去巴黎吧。

可是，那位经济学家问了他的妻子这样一个问题：“假设我们的车票、旅店都是免费的，是抽奖抽到的，那你还会想要勉强自己出发去巴黎吗？”

太太说：“如果是免费的，没有浪费钱，那我现在这么不舒服，我就不去了。”

这位经济学家听完就说：“既然是这样，那我们就不去了，其实我们现在手上的车票，就相当于是免费的。”

这个经济学家为什么这么说呢？也太奇怪了！但其实，这就是经济学家思考问题的方式。

在经济学家看来，假设你花了 100 元买票，而且不能退票，这一百元是无论如何也要不回来的，那么这些钱就好像是沉没在海底的大石头一样，再也不可能浮出水面了。所以，经济学家给这种已经付出且无可挽回的成本起了一个形象的名字：沉没成本。

现在，让我们用沉没成本的知识来重新思考一下刚才的问题。

对于蒂姆·哈福德来说，现在无论去不去巴黎，这笔钱都不可能回来，所以，这笔钱就属于沉没成本。

既然沉没成本已经不可能收回，那么思考问题的时候，为什么还要去理会它？不如就当这笔钱不存在，就当手中的车票是免费的。所以，在做决定的时候，就只需要考虑一个问题，也就是，到底是出发去巴黎会让自己更开心，还是不去巴黎会让自己更开心？

换而言之，既然这些成本已经不可挽回了，我们就更应该向前看，去思考未来怎么做才是最好的。这就是经济学家的思维方式。

其实在我们的生活中，也有很多沉没成本。

比如你现在正在进行一场数学考试，在答题的过程中有一道题很难，你已经做了 15 分钟，还是没有思路。这个时候，你会果断地放弃这道题，去做下面的题目吗？

很多同学就会觉得不舍得，这道题我已经花了 15 分钟，现在放弃，那 15 分钟不就白费了吗？所以他们就会继续钻研这道题。

学会了沉没成本之后，我们就明白，已经花掉的这 15 分钟是一种沉没成本，再也回不来了。因此，我们就应该问自己，假设我们在拿到卷子的时候就已经知道这道题很难，那么要不要跳过它，直接去做下面的题目呢？

这个时候，你八成会果断选择先做其他题目，最后再做这道题目了。可是，如果我们不懂得沉没成本的思维方式，因为舍不得这 15 分钟而不肯放弃，那么最后，可能不仅这道难题没做出来，就连后面能做出来的题目也没时间去做，那就更加得不偿失了。

再比如，今天你走进一家电影院去看电影，看了半个小时之后发现这是一个大烂片，非常不好看。可是电影票钱已经花出去了，不可能退票，这个时候，你是会果断退场，还是因为舍不得电影票钱，无奈地把电影看完？

学会了沉没成本的概念之后，你应该也能够做出正确的选择了。当你进场看电影的时候，付出的票价就已经是一种沉没成本，不可能回来了。因此，如果你觉得这部电影已经不会带给你任何愉悦感了，那么果断离场才是理智的选择。

调查显示：99.74% 的人都在被沉没成本效应拖累。衣柜里总有一些衣服，舍不得扔，却一次也没有穿过；去吃自助餐，每次都是撑得特别难受才会罢休；从事一项工作很多年，得不到升迁的机会，仍旧不会跳槽……生活中这样的例子不胜枚举。

生活中的沉没成本

那么，既然沉没成本是无论如何都无法收回的成本，人们为什么还是很难放弃？

这和人们厌恶损失的心理有极大的关系。人们为了避免损失，很容易会沉浸在过去的付出当中，从而陷入非理性的继续付出。

了解了沉没成本的概念和原因之后，我们就要知道，在做决定的时候，要把沉没成本看作并不存在，避免情感上的执着。不要只关注已经投入的成本，而要考虑未来的利弊得失，并以此为基础做出理性的决策判断。要学会在必要时放弃，并接受已经产生的成本损失。

尽管沉没成本不能被收回或改变，但我们可以通过反思已经发生的成本，汲取经验教训，以便在将来的决策中更加谨慎和明智。

课程回顾 沉没成本

沉没成本（Sunk Cost），是指那些已经发生，并且无法收回的成本，与当前决策无关。

2001 年诺贝尔经济学奖得主约瑟夫·E. 斯蒂格利茨（Joseph E. Stiglitz）教授在其《经济学》（*Economics*）一书中说："如果一项开支已经付出并且不管做出何种选择都不能收回，一个理性的人就会忽略它。这类支出被称为沉没成本。"

然而，人们在决定是否去做一件事情的时候，不仅仅是看这件事对自己有没有好处，往往也会看过去是不是已经在这件事情上有过投入。这种决策的方式是不理智的，应该理解，沉没成本是一种历史成本，以往的投入只是造成当前状态的某个因素，当前决策所要考虑的是未来可能发生的投入及所带来的收益，而不应考虑以往发生的投入。

沉没成本常用来和可变成本做比较，可变成本可以被改变，而沉没成本则不能被改变。在微观经济学理论中，做决策时仅需要考虑可变成本。如果同时考虑到沉没成本，那结论就不是纯粹基于事物的价值做出的，也就是错误的。

沉没成本是经济界最棘手的难题之一，处理不好很容易导致两种误区：害怕走向没有效益产出的沉没成本而不敢投入；对沉没成本过分眷恋，继续原来的错误，造成更大的亏损。

课后练习

学完了本节的课程，我们一起来思考这样一个问题：在日常生活中，还有哪些沉没成本的例子呢？你有没有因为舍不得沉没成本，而做出过错误的决定呢？

沉没成本

24 酝酿效应：大脑其实喜欢这样想事情

遇到难题了先干点别的，灵感或许就来了！

相传在古希腊，有个国王命令工匠为他打造一顶纯金的皇冠，来彰显自己的至高无上。不久后，工匠就把这顶皇冠做好了，国王看了很喜欢。可是有一个大臣告诉国王，这个工匠私藏金子，偷偷拿走了一部分，掺了银子进去。可是在当时，并没有仪器可以测量这顶皇冠到底是不是纯金的。国王就把这个难题交给了数学家阿基米德，让他想办法去检测这顶皇冠的纯度到底如何。

阿基米德接到这个任务之后犯了愁，从外观、颜色、形状、重量上，都无法辨别皇冠里面有没有掺白银，这可怎么办呢？阿基米德苦思冥想了很久，试了很多种办法，但是都失败了，他非常沮丧。

有一天，阿基米德去洗澡，坐在澡盆中之后，他看到盆中的水溢出了一些洒到地上。这时他突然想到：对呀！盆里溢出来的水的体积，不就是自己的身体浸入水里的那一部分体积吗？那我把皇冠放进水里，看看会溢出多少水，再把同等重量的金子放在水中，看看会溢出多少水，两者一比，就能看出皇冠有没有掺银子了。果然，阿基米德就用这种方法，证实了工匠的确偷偷掺了银子进去，为国王解决了这个难题。

洗个澡，反而获得了灵感

看完这个故事，不知道你会不会有这样一个疑惑：为什么阿基米德苦思冥想半天想不出个结果，去洗了个澡，偏偏就有灵感了呢？

这就是今天我要介绍的一个心理学名词，叫作酝酿效应。意思是，把暂时解决不了的难题放在一边，先去做点别的事情，过一段时间再回来继续解决，这样会更有利于想到好方法解决问题。

就像上面的故事中，阿基米德在钻研皇冠难题的时候，处处受挫，百思不得其解，但是当他暂时放下这个难题，去洗澡的时候，反而获得了灵感。这就是酝酿效应非常典型的一个例子。

美国一位心理学家在 1971 年做过一个实验，她找了三组志愿者，他们的智力、年龄都差不多。她提出一个项链问题：有四条小链子，每条链子有三个环，所有的环都是封合的。打开一个环要花 2 分钟，封合一个环要花 3 分钟。三个组的任务是要把这

12 个环全部连接成一个大圆环，但花的时间不能超过 15 分钟。（这个问题的正确解法是：把一条小链的三个环都打开，用这三个环把剩下的三个小链连接起来。）

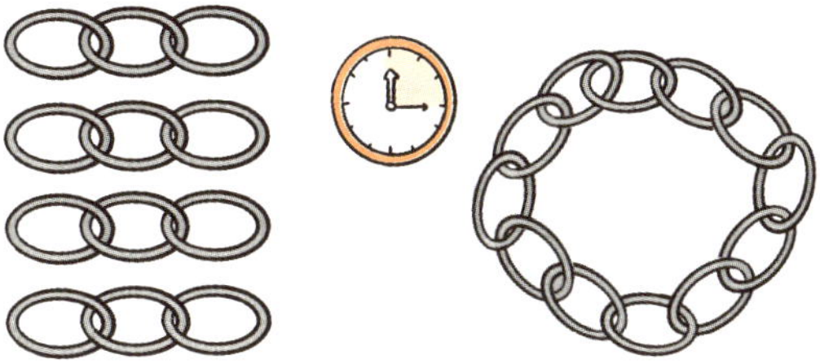

酝酿效应实验

三组志愿者都用半小时来解决问题，第一组是一次性把 30 分钟用完；第二组增加了休息时间，先思考 15 分钟，休息半个小时，再思考 15 分钟；第三组的休息时间就更长了，同样先思考 15 分钟，然后自由活动 4 个小时，最后再思考 15 分钟。

你猜结果会怎么样？第一个连续思考的组有 55% 的人解决了问题；第二组稍微好一些，有 64% 的人解决了问题；第三组，也就是中间有自由活动 4 小时的组，竟然有高达 85% 的人解决了问题。

这个实验的结果发现：第二、第三组志愿者回头来解决项链问题时并不是接着已经完成的解法去做，而是像原先那样从头做起。这说明，酝酿效应打破了解决问题不恰当思路的定势，有利地促进了新思路的产生。

心理学家这样解释酝酿效应出现的原因：在你选择去放空的酝酿过程中，其实大脑并没有完全休息，而是存在潜意识层面推理，你记忆中的信息会在潜意识中重新进行组合思考。再加上休息的过程消除了前期的心理紧张，让你整个人更加放松，也就更能回归创造性的思维状态。

所以，日常生活中，如果我们面临一个难题束手无策，明显感觉到自己走进了死胡同，怎么努力都没办法推进，不妨放松下来换换脑子，去外面呼吸一下新鲜空气，或者听听喜欢的音乐，这样酝酿一段时间之后再回来，或许真的会“柳暗花明又一村”。这种效应产生的原因，据现代认知心理学的解释是，当我们不断思考问题的时候，头脑中可能会产生定势思维，导致问题得不到解决。暂时放下这个问题，不合适的知识结构得到消除，便能够运用新的定势去解决问题了。

其实，就算是成年人的世界，也会有很多拼尽全力却收效甚微的时刻。你的父母在工作中、家庭中要面对各种各样的难题，这种忙忙碌碌的生活很容易使人陷入疲倦中，甚至还可能会自我怀疑。学完这个理论之后，你也可以去告诉身边的大人：你其实可以不用把自己逼得那么紧，去放松一下再出发，那些困难也许会变得简单许多。

当然，在生活中、工作中、学习中遇到难题，首先还是要积极勇敢地去面对，收集资料，尽量探索解决办法。但是如果一直想不出来，不要不眠不休地为难自己，不如换换心情，做些别的事情，之后再来解决问题，可能就会有意想不到的效果。酝酿效应告诉我们可以从难题中短暂地抽离，不代表大家就可以放弃或者偷懒，我们转换完了思路之后，还是要回来面对问题的。

课程回顾 酝酿效应

酝酿效应（Brewing Effect），又称为“直觉思维”，是指尽力去解决一个复杂的或者需要创造性思考的问题时，无论多么努力，还是不能成功。在这种时候，暂时停止对问题的积极探索，把问题搁置几小时、几天或几个星期，也许会由于某种机遇突然使新思想、新气象浮现出来，百思不得其解的问题往往一下子便找到了解决办法。

酝酿效应来源于阿基米德实验中对浮力定律的发现，从其表现形式和思维的本质特征来看，具有非逻辑性和自发性的特点。

非逻辑性是说，它既不表现为推理形式，又不表现为归纳逻辑，也表现不出其他的规律性。它不受逻辑规律的约束，往往超越逻辑程序而直接得出结论。它又是一种突发性的创造活动，体现在突发、突变和突破的特点。一般是在对问题冥思苦想之后，在出其不意的时间或状态下突然发生，因而表现为思维运动的突然飞跃。

我们平时所说的“灵感迸发”或者“恍然大悟”，就是经过这样一个酝酿阶段之后，突然出现的智慧火花。需要注意的是，酝酿效应的产生有一个前提条件，那就是你需要对这个问题进行一段时间的研究，搜集充分资料并且经过深入探索。这些探索累积了足够的量变，而那灵光一闪的直觉给你带来的便是在此基础上引发的质变，如果没有前面的思考，是无法带来质变的。

课后练习

最后，学完了本节的课程，我们一起来思考这样一个问题，如果你是组长，在小组的一次讨论中，你发现大家虽然都在不停地说话，可讨论毫无进展，大家还都很疲惫，这时你应该怎么做呢？

学会放空大脑

第五章

成长与挑战

人生的旅程充满了挑战和机遇，而如何在竞争中脱颖而出，是每个人在追求成功道路上的必修课。

在这个时代，单打独斗已不再是成功的途径。在任何团队中，有效的合作都变得越来越重要，对个人而言，学会与人合作也变得至关重要。

那么，在竞争与合作中，我们将面临哪些挑战？我们又该如何更加从容地应对？在最后一章的课程中，让我们一起深入思考这些问题。

25 社会懈怠：如何高效督促小组成员

团队里总是有划水摸鱼的，我该怎么办？

我想先问你一个问题，如果要参加竞赛，是单打独斗的时候你比较有斗志，还是和集体一起奋斗的时候比较有斗志？

我猜很多同学都会不假思索地回答，肯定是在团队中更有斗志。毕竟，人多力量大，队友之间互相鼓励，一起努力，整个队伍才能够燃起来呀！如果只有自己一个人，孤零零的，不就更容易退缩吗？

不过，事实真的如此吗？

法国工程师马克斯·林格尔曼（Max Ringelmann）就做了一个拔河实验来研究这个问题。首先，他找了很多人，把他们分成两队进行拔河。在比赛的过程中，林格尔曼通过仪器测量每个人在拔河时所用力气的大小。

在团队拔河比赛结束之后，林格尔曼又让每一个人与一台拔河机器比赛。每个人都只能单打独斗，自己一个人和机器拔河，在这个过程中，机器同样可以记录下来每个人所使用的力气。

实验的结果发现，人们参与团体拔河的时候不愿意出力，在单独和拔河机器拔河的时候，使用的力气反而更大，平均多出了18%，相当于多用了将近五分之一的力气。

单打独斗时更出力

为什么会出现这样的情况呢？林格尔曼进行了分析和总结。他发现，当人们在一个团体中的时候，就可能出现这样的倾向：

当大家一起为了某个目标奋斗的时候，小组中的成员可能会觉得团体中的其他人没有尽全力，为求公平，于是自己也减少努力；或是人们认为个人的努力对团体微不足道，反正其他人都在努力，自己是不是尽了全力差别不大；或是团体成绩很少一部分能归功于个人，个人的努力难以衡量，与团体成绩之间没有明确的关系。故而会降低个人的积极性，不去全力以赴。

可是，如果是自己一个人单打独斗呢？就像一个人和机器拔河的时候，拔河的成绩只与自己的努力相关。自己这么重要，自然就会拼尽全力了。因此，这种在小组合作中，人们不由自主松懈下来的倾向，就叫作社会懈怠。

再比如，玩密室逃脱的时候，有时会出现这样一个现象。如果我们和很多小伙伴一起玩闯关，按理说人多力量大，这么多人这么多头脑一起思考，应该过关过得特别顺利才对。

但真实的情况是什么样的呢？有时恰恰相反。人一多，许多人在闯关的时候反而不会认真仔细地思考，甚至还可能在密室里聊起天来，最后闯关的进度还没有人少的时候快。为什么会这样呢？

单打独斗 vs 组队闯关

这是因为在小组中，大家会想，反正小组中有那么多人，我划一下水，别人也会努力闯关。这样一来，小组成员的责任感就不够强，也不会努力地去思考，小组闯关的速度自然也就不会高。

比如说吧，各位同学如果喜欢打篮球，比赛的时候，会不会想，“要是有个大神带带我们就好了”？在学习上遇到不会的问题时会不会想，“没关系，等一下问问别人就好了”？好像我们遇到难题时，总是会把希望寄托在别人身上。但是理解了社会懈怠现象你就会明白，有时候一件事情，你想依靠他人一起完成反而不如自己独立完成效率高，这种现象并不是偶然的。

那么，如果发现团队中出现了社会懈怠的现象，要怎么做呢？我分享给大家一个小诀窍，叫作“同时评价个人表现”。

比如游泳接力赛中，研究人员发现，如果在赛后只宣布团体总成绩，那么一段时间后，运动员的个人成绩都会出现不同程度的下滑。如果每次比赛后，公布整个参赛队总成绩的同时，也公布每个接力运动员的个人成绩，那么之后整个游泳队的成绩会有明显的提高。

换言之，只要我们让团队中的每一个个体都能够看到自己的个人成绩，那么他就会产生更强的责任感，从而在团队合作中拼尽全力。

再比如，有时候在小组作业的展示环节中，除了汇报小组最终的作业之外，老师还会让小组成员额外汇报在完成任务过程中，每一位小组成员的具体贡献，并根据贡献的不同，给每一位成员打出不同的分数。

当老师这样做的时候，团队中的社会懈怠现象就会减少，小组合作会更加高效。

懂得了社会懈怠现象，你就知道为什么在小组合作中，有时候反而大家会划水摸鱼了。

课程回顾 社会懈怠

社会懈怠（Social Loafing），指个体作为群体中的一员进行群体活动时，会降低自己的努力和表现水平，个人所付出的努力比单独完成时偏少的现象。

日常生活中“磨洋工”就是一种社会懈怠现象。一般来说，个体在群体活动中付出的努力水平都会下降，而且群体规模越大，个体的努力水平越低。这一现象有着文化的差异，在有着个人主义、自我中心价值观的文化群体中更容易发生，在有着集体主义价值观的群体中较少发生。

当社会懈怠现象明显降低了群体的工作效率时，可以通过以下方法调整：

1. 让每个人的工作都被监督，或者具有独特性。因为任务的独特性会使个人对属于自己的任务更有责任感，而不能分散到别人身上。比如在一条流水线上，每个人都要完成一个环节，如果进度落后了，很容易知道是哪个人拉了后腿。同理，如果团队的成功取决于成员最差的表现，也会降低社会懈怠，避免自己成为短板效应中导致失败的那块短板。

2. 提高小组的凝聚力和责任感。如果你是一个小组的领导者，可以分配好小组成员的任务，定期公布整个小组和每位成员的工作成绩和进度，帮助小组成员认识他人的工作成绩，使他们了解不仅自己是努力工作的，他人同样如此。如果是一个大组，可以将它分为几个小规模的组，使得小团队之间的工作成果具有相对独立性和可比性，那么，每个人就难以在大团队里划水摸鱼了。

3. 增加团队成员之间的感情，增加彼此的信任感和团结力，同时也要提高个体的责任感，适当地施加压力，使个人责任感增强。

课后练习

学完了本节的课程，我们一起来思考这样一个问题：在你的身边，还有哪些社会懈怠的现象呢？你觉得这些现象要如何才能解决呢？

三个和尚没水吃

26 登门槛现象：如何让别人更愿意帮你

顶级推销员进门总会先要一杯水，这是为什么？

在这一节，我希望通过一个实验，让你学会请人帮忙的小技巧，也让你在向他人提出请求时更容易得到积极的回应。

在讲这个实验之前，我想先问问你，如果你想请陌生人给癌症病人捐款，你会怎么做呢？我猜你可能会这样想：我会直接告诉对方，癌症病人多么需要你的帮助，你的善心会给他们带来希望。实际上，这种请人帮忙的方式虽然很直接，却并不够有效。

加拿大多伦多的实验者们就像上面这样，直接询问当地居民，可不可以为癌症病人捐款，帮助他们治疗。但是只有 46% 的人是愿意的，成功率还不到一半。后来，志愿者们改变了策略，他们先是请当地居民佩戴一个关爱癌症病人的广告牌。这件事情很简单，所以几乎所有人都欣然答应了。第二天，志愿者再问这些居民愿不愿意捐款。你猜怎么样，竟然有 90% 以上的人同意了，成功率比之前翻了一倍！

那你可能会疑惑了，为什么先请人家佩戴广告牌，后面就更愿意捐款呢？

这是因为，当居民佩戴这个广告牌的时候，他就会在心里觉得：嗯，我是一个有爱心的人，我是愿意为了癌症病人做点什么的。那么自然，当志愿者来问他愿不愿意捐一些钱时，居民们就会保持自己的一致性，给病人捐款了。

为什么我们会保持“前后一致性”呢？那是因为，一致性是潜藏在我们人类灵魂深处的一个关键“开关”。

一个人来到世界上，不论他的种族、性别、肤色、出身如何，他都有着自然界最高级的头脑和思维，这是自然赋予我们人类的特质。既然“智慧生物”这个光环是我们与生俱来的，无论自己客观的生活现状如何曲折艰难，我们都会下意识地捍卫自己判断的正确性。不管是聪明绝顶的天才、资质平平的普通人，还是不甚机敏的愚者，都拥有这种先天维护自我意识的本能。

这就是诈骗分子屡屡得手，而很多受害者始终羞于启齿的原因——他们害怕别人嘲笑自己的智力和判断，害怕体验那种在智力上被羞辱的沮丧。甚至在很多诈骗案受害者里，不乏高学历、高收入的社会精英人士。由此可见，即便是接受了高等教育，拥有一定名望和资产的人，也难以对抗这种本能。

回到居民佩戴广告牌这个案例，你看，人一旦先作出了一个选择，就会更愿意作出进一步的决定，来保持自己的一致性。所以，心理学家就把这种请人帮忙时，“先做小事，后做大事”更容易成功的现象，叫作“登门槛现象”。

为什么叫这个名字呢？因为你在请人帮忙的时候，对方是有一道门槛一样的心理防线的，所以你直接去提出请求，通常很难被直接答应。但是你如果先请对方帮你一个小忙，而对方答应了，那就意味着，他愿意让你跨过这道门槛。没有了这道防线之后就是自己人嘛，那紧接着，他也就当然愿意帮你一个更大的忙了。

这种登门槛现象在很多领域都有应用，比如人际关系学大师戴尔·卡耐基（Dale Carnegie），就在他的著作《人性的弱点》中讲过这样一个案例。一位推销员在挨家挨户地推销吸尘器，可是每次敲开门问人家："请问能给我一点儿时间，让我介绍一下我手中的这款吸尘器吗？"人家就砰的一声把门关上，不再听他说话了。后来他想到一个办法，就是在敲开门的时候，他问这户人家的主人说："我路过这里有些口渴，你可以给我一杯水吗？"这个要求很好满足，于是几乎所有人都愿意给他倒一杯水。而这位推销员拿到水之后再问人家："感谢你的好意，那我现在能不能花几分钟的时间给你介绍一下我手里的这个吸尘器呢？"不出所料，大部分的人都愿意听他说完，自然，这位推销员卖出去的吸尘器也越来越多了。

先帮小忙，再帮大忙

你应该已经听出来了，在这个案例中，推销员先请主人给他一杯水，然后再听他的介绍，这种做法就是我们上面提到的“先做小事，再做大事”。这样的策略很容易成功，就是登门槛现象在发挥作用。

你有没有留意到，在课堂上，老师如果想让性格内向的同学积极参与互动，倘若直接让他回答，他可能支支吾吾地不愿意说话。但是如果老师先请这位同学读题，然后再给出自己的答案，就更容易成功一些。因为这个读题的步骤，就是登门槛中的“小事”，这位同学迈出了这一小步之后，就会觉得课堂与他有关，自然也就更愿意说出自己的答案了。

同样，如果在你的学习小组中，有一位同学不喜欢参与讨论，你怎么邀请他也不说话，那你可以怎么做呢？这时你就可以发挥登门槛现象的作用了，先请他来做一件“小事”，比如说请他做记录员，把这次讨论的内容都记下来，做了这件“小事”之后，后面你再请他说说看法、提提意见就会更容易成功了，他的参与度也就上来了。

1998年，美国NBA球队芝加哥公牛队陷入了内忧外患之中，球队管理层、教练、球员之间闹得一地鸡毛。对于一个想冲击三连冠伟业的球队来说，这无疑是一个痛苦的至暗时刻。公牛队主教练菲尔·杰克逊绰号“禅师”，不同于其他教练对技战术层面苦心孤诣的追求，禅师更喜欢了解人性，掌控人性。

某次训练结束后，禅师把全体球员召集在一起，希望大家针对现状畅所欲言，尽情表达自己内心最真实的声音。而当禅师抛出这个提议后，球员们要么缄口不语，要么就觉得没有必要。这时候，禅师微微一笑，不再让大家直接当众发言，而是掏出一张纸和一支笔，把自己最想说的话写上去，然后烧掉。

这件事听上去很容易，于是队员们纷纷照做。但紧接着，神奇的改变发生了。渐渐地，伴随着烟雾缭绕的催化，球员们心底的那道门槛终于被完全摧毁。一时间，库科奇、皮蓬、罗德曼等球员争先恐后地发言，表达自己对球队、对朋友，甚至对职业生涯的看法。就这样，泪水与欢笑在空气中交织飘荡，那支众志成城的公牛队仿佛再度苏醒。

当乔丹向盐湖城观众竖起六根手指时，人们或许不会想到，那金戈铁马的球场厮杀背后，还有精妙绝伦的心理博弈。如果我们想要掌控自己的人生，就必须先学会掌控自己的人性。

课程回顾

登门槛现象

登门槛现象，又叫“登门槛效应”（Foot in the Door Effect），由美国社会心理学家乔纳森·L. 弗里德曼（Jonathan L. Freedman）和斯科特·C. 弗雷泽（Scott C. Fraser）于1966年提出，当时他们发表的论文名称是《毫无压力的顺从：登门槛技巧》（“Compliance Without Pressure：the Foot-in-the-door Technique”）。

在日常生活、社交中，我们通常会对他人提出要求，他人也会给予积极或消极的反馈。可当人们以为这些反馈都充满随机性时，弗里德曼等人却不以为然。为了探索人类行为背后的奥秘，他们特地进行了一系列的实验。

通过实验发现，人们往往容易在第一时间拒绝他人一个普通的请求。可一旦接受了他人的一个微不足道的要求，那么为了避免认知上的不协调，或者为了给他人留下前后一致的印象，当事人就有可能接受更大的要求。这种现象，就像登门槛时要逐级攀登一样，只有这样才能更容易更顺利地登上高处。

简而言之，个体先接受了一个微小的要求后，为保持自我前后行为的一致性，他大概率会接受一项重大、更进一步的要求，这就是登门槛现象。

课后练习

学完了本节的课程，我们一起来思考这样一个问题：如果你要组织一个短跑接力小队参加学校的运动会，你很想邀请班级里跑步很快的一位同学来加入，你要怎么做，才能提高成功率呢？

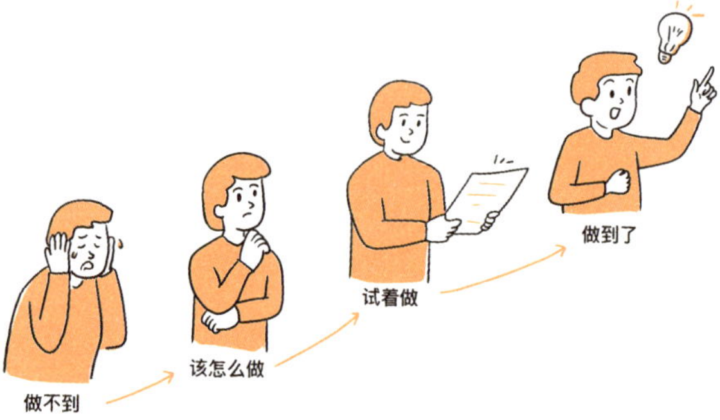

登门槛现象的激励作用

27 鲶鱼效应：了解竞争的重要性

遇到了一个强劲的对手，这是件好事吗？

在这一节里，我来给你讲一个流传很广的民间故事。通过它，你就可以明白竞争在一个人的成长过程中究竟有多重要。

据说，挪威人喜欢吃新鲜的沙丁鱼，因此市场上活鱼的价格要比死鱼高许多。既然是这样，那渔民们肯定希望尽可能地把活的沙丁鱼弄到市场上去卖。但这又涉及一个棘手的问题：一旦沙丁鱼离开大海，就很难存活太久，几乎没有谁能够满载一船活的沙丁鱼回来。

可是，有一个渔民很特别，他每次都能带回来一堆活蹦乱跳的沙丁鱼。大家都很羡慕，纷纷问他是怎么做到的。这里你也不妨猜一猜，这个渔民是用了什么特别手段呢？

其实方法很简单，这位渔民在船上放了几条专门以沙丁鱼为猎物的鲶鱼。懒散的沙丁鱼们看到这些天敌，怎么会不心惊胆战呢？于是，为了逃避鲶鱼的捕杀，沙丁鱼便使尽浑身解数跟鲶鱼周旋，以至于到了港口，依然是活蹦乱跳的状态。你发现了吗？在这个故事中，正是鲶鱼这个“敌人”的进入，才激起了沙丁鱼疯狂的生存欲，从而让它们全神贯注地跟“敌人”周旋。

通过引入更强大、更优秀的人进入原有体系中参与竞争，从而激发个体活力，促进整体的能力提升，这种现象就是我今天要

鲶鱼效应

给你分享的“鲶鱼效应”。

无论我们人类，还是其他一些动物，都先天具备一种和周边环境逐渐建立联系的能力。经过长久的接触和体会，我们最终能够适应环境中蕴含的运行逻辑，并让自己的大脑和身体习惯这种逻辑，从而逐渐形成一种“舒适区”。这种舒适区就是一把双刃剑，它可以让我们更加轻松地进行日常活动，同时也扼杀了我们提升自我的潜在可能性。

为什么这么说呢？因为怠惰是我们的大性，极少有人会主动地选择去吃苦并且乐在其中，大多数人别说未雨绸缪，穷则思变都未必能够做到。所以，只有当我们存在的客观环境发生剧烈变化，比如一两个神秘高人闯入局中，把我们引以为傲的优势撕得支离破碎时，我们才会如梦初醒，从而发奋改变自我。

再回到之前的故事，你是否对鲶鱼效应更有感触了呢？当然，挪威人是不是真的爱吃沙丁鱼，渔夫究竟会不会在船上放鲶鱼，这些细节其实并不重要，我们只需要领会故事背后的真谛即可。

推而广之，鲶鱼效应的应用可不只是在鱼类运输上。小到班级活动，大到经济民生，处处都可见鲶鱼效应的身影。

比如在日常学习生活中，学会鲶鱼效应，有利于激发学生学习的主动性和积极性。随着时代的发展进步，未来注定是人才济济的世界，你们将要面对的竞争将会是非常激烈的。但是现在在父母的守护中，你们的生活非常安逸，所以必须要给自己制造适度紧张的环境，不然就会像沙丁鱼一样，还没着陆，就已经失去了生存的能力。你们可以在群体学习时，互相激励、竞争合作，在适度的紧张当中，才能更好地发挥能力。当然，过度的紧张还是应该避免，以防止对身心造成不可逆转的伤害。

另外，不知道你们有没有注意到，大街上的车主要有蓝色和绿色两种颜色的车牌，其中蓝色的是传统用石油作为燃料的车，绿色牌照的车主要靠电力驱动，也就是近年来迅猛发展的新能源汽车。

其实，新能源汽车并不是这几年网络炒作的全新概念。早在二十多年前，中国就开始发展新能源汽车，当时很多企业纷纷投入生产，也各自取得了不错的成绩。但可惜的是，二十多年来大家几乎都在原地踏步，没有谁愿意投入更多的研发资金，或者率先引领技术创新。

直到 2019 年，一个标志性事件才改变了这一切——美国著名的新能源汽车品牌特斯拉正式在上海建立工厂。

对当时的国内新能源汽车行业而言，特斯拉的空降无异于当头棒喝，让习惯了过安逸生活的各大汽车厂商惊出一身冷汗。当时的《纽约时报》还特地发了一篇文章，标题就叫《特斯拉，助力中国电动汽车弯道超车的“搅局者”》。

你现在肯定很清楚，特斯拉这个“搅局者”，不就是上文中鲶鱼效应里的“鲶鱼”吗？当特斯拉这条“鲶鱼”带着先进的技术和理念进入中国市场之后，过惯了安稳日子的国产品牌就成了被搅动的“沙丁鱼群”。为了生存和发展，国内各大车商开始在创新研发的道路上拼命前进，想尽各种办法来提高自家新能源汽车的性能，同时还要兼顾成本控制。短短几年，我们就见证了中国新能源汽车突飞猛进的发展。

“鲶鱼”特斯拉

借着这个例子，我也想提醒你：要想让你周围的环境变得更好，就千万不要害怕竞争；相反，我们应该积极接受正面竞争，并且在竞争中提升能力，激发创意，让你所处的整个领域得到进步发展。

新东方创立初期，俞敏洪的团队极度缺乏资金和人才，以至于只能把家中的七大姑八大姨统统安排到公司做财务和行政等工作。在这样一种微妙的平衡中，公司开始发展，但“好景不长”，这种和谐局面很快便被现实击碎。

当时，俞敏洪的好友王强和徐小平从美国回来，加盟了新东方团队。在这些有着国际视野和欧美留学经历的人才看来，俞敏洪那套家族经营模式完全无法适应现代企业的发展要求。起初，俞敏洪还想在家族成员和海归伙伴之间维持平衡，但当王强直接抛出“要么他们，要么我们，你二选一”的问题后，俞敏洪从长远角度出发，只得全盘采用王强的建议，一边改革企业制度，一边优化那些缺乏竞争力的亲戚。自此，新东方才真正迈入了高速发展的通道。

可见，优秀的人才不仅能够带来先进的理念，还能促使组织内部进行自我更新换血。比如说班级中的班委，每个班委都不能由老师指定，必须让同学们竞选，让同学们之间相互竞争，共同提高，这才能完全符合鲶鱼效应的真正含义。

课程回顾　鲶鱼效应

鲶鱼效应（Catfish Effect）是指通过引入强力竞争者，从而激发弱者变强。看上去，鲶鱼破坏了沙丁鱼赖以生存的舒适环境，但实际上也潜在地激活了沙丁鱼的求生能力。这种看法在管理学上的应用，被称为鲶鱼机制或鲶鱼管理。表现在企业竞争中，就是采取一种手段或措施，刺激一些企业活跃起来，积极投入市场中参与竞争的行为。

日常生活中，鲶鱼效应是企业领导层激发员工活力的有效措施之一，其作用主要表现在两方面：一是企业要不断补充新鲜血液，大胆地把那些锐意进取、思维敏捷的生力军引入队伍之中，这样既提高了企业效率，又给那些固步自封的员工制造竞争压力，从而唤起他们的忧患意识；二是要不断地引进新观念、新技术、新工艺，让企业始终保持强大的竞争力。

无论是传统型团队还是自我管理型团队，时间久了，其内部成员由于互相熟悉，就会缺乏活力与新鲜感，从而产生惰性。尤其是一些老员工，工作时间长了就容易厌倦、懒惰、倚老卖老，因此有必要找些外来的“鲶鱼”加入团队，制造一些紧张气氛。从马斯洛的需求层次理论来说，人到了一定的境界，其努力工作的目的就不再仅仅是为了物质，而更多的是为了尊严，为了自我实现的内心满足。所以，当把“鲶鱼”放到一个老团队里面的时候，那些已经变得有点懒散的老队员出于对自己能力的证明和对尊严的追求，不得不更加努力工作，以免被新来的队员在业绩上超过自己。否则，老队员的颜面就无处存放了。

课后练习

好，学完了本节的课程，我们一起来思考这样一个问题，中国古代名著《孟子》中有这样一句名言：“生于忧患，死于安乐。”请你上网查一查这句话是什么意思，并尝试用鲶鱼效应来解释这句话吧！

管理学上的鲶鱼效应

28 拉锯效应：学习“1+1>2”的魔法

“合作才能共赢”，这句话可不是说说而已！

据说日本有一家企业，在招聘员工时，要进行一场特殊的考试：他们把报考的人带到一个农场里面，然后随机将两个人分成一组，发给每组一把锯子，要求这些报考的人将一根圆木头锯成两段，考官们则在旁边观察。

他们发现，在锯圆木头时，有的组两个人不能相互配合，快慢不当，费了很长时间才把圆木头锯开；而有的组两个人很快就能磨合好、相互配合，坐在木头的两边来回拉锯，用了很短时间就把圆木头锯开。最后，这家企业将“能否相互配合，快速锯开圆木头”作为是否录用的一个重要指标。

说到这里，你们应该已经意识到，这个重要指标根本不是你会不会锯木头，而是你愿不愿意和其他人配合来完成任务。在现代社会中，一个人团队协作的能力，能够决定他走到多高的位置，成就多大的事情，这就是“拉锯效应”带给我们的启示。

在现在这个社会分工更加精细、更加需要协调的时代，能够一个人完成的工作越来越少。可以说各行各业都需要依靠团队合作才能发展。小到手边的笔和本子，这是工厂流水线各个环节的工人配合生产出来的；大到摩天大楼和航天飞机，也是由无数个零部件经过漫长复杂的过程才建成的。一个优秀的人才想要发挥其作用，必须善于与他人相互配合。

拉锯效应

说到这里你可能会问：如果公司要选出一个最强的团队，只要挑出最强的几个人放在一起不就行了吗？选拔的时候干脆就比单人锯木头，谁锯得最快，谁就最强。

如果你这样想可就错了，因为最好的团队合作并不是把最强的人集中到一起，而是把最懂得配合的人放在一起，这样才能真正发挥团队的作用。换句话讲，团队中的每个人做事的节奏相同，比单个人做得快更重要。

你想象一下，如果拉锯小组中的两个人，一个力气较大，另一个速度较快，却都不照顾伙伴的节奏，只顾自己往前冲，那会是什么样子呢？很可能锯子就会卡在木头里动不了了，更不用说要锯开木头了。所以你看，这个选拔不仅考验的是员工们团队合作的意识，还在考验大家懂不懂团队合作的方式。

有一个游戏叫作“二人三足”，意思是两个人并排站，把中间靠近的两条腿绑在一起，这样两个人就只有三条腿。然后两人一组往终点走，看看哪组最先到达。很多人觉得，那只要我疯狂地往前赶，走得快不就行了？这样想你就错了。别忘了，你其中一条腿是和队友绑在一起的，你只顾自己往前赶，但是队友跟不上，那两个人就只能摔跤了。

所以，最好的办法就是你和队友约定好一个固定的节奏，喊着口令一起走，互相照顾，互相帮助，这样才能又快又稳地到达终点线。

游戏中的拉锯效应

生活中有很多例子，同样可以说明团队配合的重要性。比如一个乐队里，所有的成员都有很好的演奏才能，但他们之中最重要的一个人是谁呢？毫无疑问是乐队指挥！如果没有乐队指挥，乐手们一人一个调，彼此之间没有配合，那演奏出的将是什么样的音乐！

再比如，在学校组织的春游爬山中，你们小队八个人需要尽快到达山顶才算成功。如果你自己体力好，就直冲上山，不管其他同学，这算是团队的成功吗？当然不算，甚至因为你的单独行动，老师需要来回照顾两边的同学而导致整体速度被拖慢，后面体力没有你好的同学可能会丧失信心不往上爬了，结果反而更糟。这时就需要你慢下来，配合小队的平均前进速度，把多余的体力用来帮助落在后面的同学，这样小队才能更快地到达山顶。

还有在所有的团体运动中，团队成员们的个人技术虽然重要，但彼此间的相互合作、默契配合才是取得胜利的关键。以足球为例，球场上每位队员都扮演着不同的角色，前锋负责进攻，后卫负责防守，中场球员则要承担连接前场和后场的责任。在比赛中，队员们需要根据形势调整战术，这就要求他们具备高度的协作精神。如果球员踢球的时候脑子里只想着自己，单打独斗，那么无论多么厉害的球员，也很难靠一个人赢得团队比赛的胜利。

拉锯效应的应用非常广泛，不仅适用于企业招聘，也适用于团队合作、企业管理等多个领域。在一个团队中，要想完成工作目标，则需要团队中所有的成员很好地进行配合，形成“1+1>2”的局面，从而提高整体效率。

课程回顾　拉锯效应

拉锯效应（Seesaw Effect），指在社会分工更加精细、更加需要协调的今天，一个优秀的人才要发挥作用，必须善于与他人相互配合，否则将一事难成。

在一个团队中，要想完成工作目标，则需要团队中所有成员很好地配合，如果大家都想着自己的利益和前途，那么事情不会做好，更不会成功。同样，成功后的鲜花和掌声不可能均等地分配给所有成员，但如果大家抢着要去出风头，也许就不会有成功。这也告诉我们，要重视团队荣誉，而不是一味地追求个人英雄。

要管理好一家企业，企业领导成员之间、下属之间以及企业领导者和下属之间都要注重在各方面相互配合。如果成员间协作不畅，会需要花大量时间去协调他们之间的工作，不但会引起整体工作效率的降低，还会造成管理成本的增高。

通过建立良好的沟通渠道、学会倾听和尊重、分工合作、明确角色和责任、建立团队文化、学会妥协和解决冲突等方式，可以提高团队的合作能力。

课后练习

学完了本节的课程，我们一起来思考这样一个问题，如果这周末你们全家要去郊游，家庭中的不同成员可以怎么样分工，才能像拉锯效应一样，齐心协力把这次出行完成呢？

团队协作力量大

29 事后聪明偏见：学会客观总结经验教训

为什么好像事后人人都是诸葛亮？

你喜欢玩“狼人杀”吗？我来描述这样一个场景：

今天，你和朋友一起玩“狼人杀”，你拿到了一张普通村民牌，是一个好人。接着，你们开始游戏。在游戏的过程中，狼人知道谁是好人，可是好人不知道谁是狼人。好人必须通过他人的发言和行为，去推测谁是狼人。

游戏在不断推进，你慢慢觉得整个场面好乱，完全分不出来谁是好人，谁是狼人。最后的结局是，狼人成功骗过了所有好人，赢得了比赛的胜利。

当比赛结束，公布到底谁是狼人的时候，你突然一拍大腿，对呀！自己刚才怎么就没有想到这几个人是狼人呢？其实回想起来，这些狼人刚才的一举一动、一言一行都很明显！他们说的很多话都暴露了他们的身份，可是自己刚才怎么没有听出来呢？是不是自己太愚蠢了呢？

其实，这不是因为你蠢，而是因为许多事情，我们往往在事后才能够知道全貌。当我们知道全貌之后，中间困扰过我们的难题，一下子也就迎刃而解了。这时，我们就忍不住在事后吐槽自己的蠢。但其实，不是因为我们真的蠢，而是当你不知道答案是什么的时候，你就会有各种各样的猜想，就会卡在那，感觉自己变蠢了。这种错觉在心理学上叫作“事后聪明偏见”。

“狼人杀”：经典推理游戏

这种偏见不仅会出现在玩游戏的时候，在我们做题的时候，也是很常见的。

比如说，在做一道比较难的数学题的时候，你左想右想，百思不得其解。终于，你忍不住把手翻到了习题册的最后，找到了这道题的答案，看了一眼。

你感觉自己好像突然顿悟了！一下子就明白了这道题目要怎么解了。更重要的是，这个时候，你可能根本没有看完解题的整个过程，你只是看了一下最后的结果，就把这道题的解题思路一下子全想出来了。

这个时候你再看这道题，怎么看都觉得好简单、好明显。之前做不出题的自己，怎么脑子就是转不过弯来呢？

学了今天的知识点之后，我们要明白，这种自己好蠢的感觉，其实也是事后聪明偏见带来的错觉在作祟。

当你知道了答案之后，你就好像开启了上帝视角一样，对于这道题目的思路，一下子清晰起来。这时，你当然会觉得这个题目好简单，但这同样是一种心理错觉。

这种事后聪明偏见，不仅只发生在自己身上，我们还有可能用同样的偏见，去审视别人。当我们这样做的时候，会很容易误会别人，进而伤害别人。

相信你我在生活中都听了很多遍类似这样的话，比如“我早就说过了”“我早就知道会这样”“我早就猜到了”“要是我是他，一定不会做出这样的决定”，等等。这其实是人潜意识中在推卸责任，往往事情已经发生了，才想起或说出自己的“先见之明”，对于问题其实已经于事无补。

你是否有过这样的经历，和朋友一起去游乐园玩，还有半小时关门时，你们面临把最后的半小时留给哪个项目的选择。这时候也许你们会有不同的选择，是去排队坐摩天轮，还是去看看激流勇进的人多不多？还是就近玩一个项目呢？

也许你们最后听从了一个朋友的建议，去了摩天轮，结果到了之后才发现，今天的摩天轮只有上午开放，下午根本没有开！可时间已经过去一刻钟，再去玩别的项目已经来不及了。这时候可能有人就会说：“你看，我早就说就近玩一个项目吧！非要选择摩天轮。这下好了，什么也没玩上！”那么最初选择了摩天轮的朋友听到这个话，就会被伤害，甚至影响朋友之间的关系。

事后诸葛亮

其实当初面临选择的时候，谁也不知道到底哪个答案更正确。我们每天都会做很多猜测，有时候猜对，有时候猜错。当结果证明你猜对的时候，你就会忘记在决策时曾经的犹豫，而是沾沾自喜、满心骄傲地认为是自己的聪明才智让自己做出了最正确的选择。殊不知，你也完全有可能成为那个猜错了摩天轮的朋友。所以说，要学会换位思考，避免事后聪明偏见，承认这是团队共同的决定。

再比如，如果我们听说朋友输掉了一场比赛，被人骗了，把某些事情搞砸了，等等，如果你的脑海中冒出了“怎么这么明显的错误你都会犯”的念头，那就要小心了，这很可能是事后聪明偏见在作祟。如果这个时候，我们选择去数落朋友，这不仅不公平，也可能对朋友造成伤害。

反过来说，只有当我们克制自己事后聪明的心态，认真把自己带入对方当时的处境中，去感受对方当时的犹豫，理解对方做出选择的理由，你才能够从对方的错误中获得教训，才能够避免自己以后也犯下类似的错误！

课程回顾

事后聪明偏见

事后聪明偏见（Hindsight Bias），是指在事后看待事件结果时，会觉得事件结果比事前预测时更不可避免、更容易预见的倾向。其实就是人们在得知某一结果后就会夸大结果的可预测性。

事后聪明偏见的存在，是认知偏差、信息获取和评估、情绪因素和社会因素等多个原因造成的。人们的思维常常受到各种认知偏差的影响，在事情发生之后，我们可以获取更多的信息，这些信息有助于我们更好地理解事件的背景和原因。我们在回顾时会将自己的先前知识和经验与事实结合，使得事后判断看起来更加合理。而在决策时，我们往往只能依靠有限的信息和不完全的背景知识，因此更容易犯错或产生怀疑。此外，在事后，我们往往会更加关注那些支持我们事后判断的证据，而忽略或轻视那些反对的观点，这也会导致我们更容易相信事后聪明的判断。

事后聪明偏见的另一个原因是，人的记忆不完全是客观存在的，而是会受到主观的影响。在事情发生之后，我们的记忆会重新建构、重新组织，对结果的已知状态可能诱使记忆发生扭曲，所以我们回忆起来的观点，很可能已经不是当初的观点了。

“我早就知道”这一现象可能令我们妄自尊大，即高估了自己的智慧能力。不仅如此，由于结果看起来似乎具有预见性，所以我们更倾向于为那些事后看起来“显而易见”的错误决策去责备决策者，却并不因那些同样“显而易见”的正确决策去褒奖决策者。

课后练习

学完了本节的课程，我们一起来思考这样一个问题：你在生活中，有过哪些事后聪明的偏见呢？学完了今天的课程，也请你想一想，当时你的这种“事后聪明”的想法，是正确的吗？

事后聪明偏见

30 信念固着：要如何改变人们的信念

证据都摆在眼前了，为什么有的人还是不信？

今天，我要介绍一个心理学的效应，学会了这个效应之后你就会知道，为什么我们有时候会特别轴了。

我先来讲一个我经历过的小故事。

在我小时候，有一次，我的同桌的一支很好看的笔不见了。他找了好久都没找到，这个时候他突然跟我说，我觉得这支笔肯定是被坐在我们前面的那位同学拿走了。

当时我很困惑地说，他有自己的笔，干吗还要拿你的笔呢？

我的同桌说，你看他用的笔，我的笔可比他的贵重多了，所以他才会想要拿走我的笔！

我接着说，可是你忘了吗？刚才你说你的笔不见了的时候，他可是主动帮你一起寻找了半天的。

我的同桌就说，这就更明显了，他平时也没有对我这么好，今天怎么会帮我找笔，肯定是因为他拿了所以才在那里装模作样！

结果第二天，我的同桌在自己的书包里面找到了这支笔。

当时我想，昨天我就告诉你不是他拿的了，结果你还言之凿凿地找出了这么多“线索”，这下冤枉好人了吧？

你是不是也觉得我这个同学挺傻的呢？先别笑他，这是在你我身上都可能发生的事情。在心理学上，他的这种反应就叫作

“信念固着”。

这个心理学效应就是说，当一个人对某件事有了先入为主的信念之后，哪怕有再多相反的事实摆在面前，都会按照他自己的想法来做解读，从而让自己的信念更加坚定。

在《列子·说符》当中，就记载了一个故事叫作“疑邻窃斧”。这个故事更加生动地展现了信念固着的心理学效应。

话说从前有一个人，他的斧头丢了。于是他就认定一定是隔壁家的小儿子偷了这把斧头。他悄悄去观察隔壁家的小儿子。看这小孩走路，就觉得他走路的方式肯定是藏了斧头在身上。看这小孩子的脸色，也觉得这个神色明显就是做贼心虚。最后听到他跟人说话，也觉得他一定是在掩饰些什么。

心中有偏见，一切皆异常

结果第二天，这个人在自己家里找到了斧头，原来根本没有人偷他的斧头。当他找回自己的斧头之后，再遇见隔壁家的小儿子时，一切都变样了。他再看他走路的样子，就觉得非常坦荡。看到他的神情，一看就是谦谦君子。再听到他和别人说话，也觉得他讲话非常自然了。

我们想想看，其实从头到尾，隔壁家小儿子的言行举止都是一样的。不同的只有这个丢斧头的人的信念而已。当他认定隔壁家的小孩偷了斧头的时候，在他眼中这孩子的言行举止就哪里都不对劲儿。可是当他相信这个孩子的时候，孩子的言行举止突然间就变得正常了。

千万不要以为这些故事只是个例。心理学家罗斯和安德森曾做过一个实验，以证明信念固着的存在。实验者先故意捏造一个错误的结论，将结论灌输给被试者，然后要求被试者解释为什么这个结论是正确的。最后实验者会告诉被试者真相，即实验开始时的信息是以实验为目的人为捏造的，期望被试者承认刚才自己的论证无效，并接受新的正确论证。

奇怪的是，只有 25% 的被试者接受了新的结论，其余大部分被试者即使面对确凿证据，依然固执地坚持他们已经接受的结论的解释。实验结果表明，只要人们为错误信息建立了理论支撑，就很难再愿意否认这条错误的信息。

你们不妨也想想看，自己在生活中是不是也有一些事情，虽然你没有确切的证据，但依旧深信不疑？比如说，你会不会觉得某个同学故意排挤你，某个老师故意针对难为你，或者觉得某些学科就是一无是处，又或者可能觉得某些活动就是浪费时间。这个时候，你也一定要提醒自己，千万不要陷入信念固着的陷阱中。

那么，我们究竟要如何才能避免自己的信念固着呢？心理学家提供了一个方法就是：在脑海中扮演反对者。

比如说，如果你像我儿时的那个同桌一样，认定了前桌的同学就是小偷。要想走出信念固着的陷阱，你就要在脑海中先模拟一个反对者，来为这位同学申辩："不对，他肯定不是小偷。"然后，尝试去找到证据和理由，证明他不是小偷。

在你的脑海中有一来一回两个方向的思考之后，你会发现，当我们同时也看到相反立场的理由时，就不再会陷入信念固着的陷阱不能自拔了。

这个方法和我们学习打辩论的辩手的练习方法很像。在准备辩论的过程中，辩手会习惯于在脑海中同时扮演正方和反方来模拟辩论。所以，辩手往往都不会固执，更能够理解不同的观点。

接纳各异的观点

课程回顾 信念固着

信念固着（Belief Perseverance），是指人们一旦对某项事物建立了某种信念，尤其是为它建立了一个理论支持体系，那么就很难打破人们的这一看法，即使是相反的证据与信息出现他们也往往视而不见。

我们越是极力想证明我们的理论是正确的，就对挑战自己信念的信息越封闭。通常情况下，我们的信念和理论对我们有益，比如可以让人们不受外界的影响而坚持自己的观点。但是如果我们最初接受的那个信息是错误的，这种信念固着会使我们成为自己思维的囚徒。

每个人都携带着一系列固有信念而生活，其中包括过往经历的社会经验，遵循的文化传统，认可的人生价值观，等等，这些固有信念在某种程度上是正确和有效的，但当人们有机会接触新观念的活动时，思维很容易会被熟悉的捷径所短路，而提前终止思考过程，陷在原来的认知观念里停滞不前。

解释各种可能的观点，尤其是相反的观点，认为其也可能是正确的，是纠正信念固着的有效方法。当人们从相反的角度思考问题时，这种固着才会渐渐消失。如果你做某件事时完全找不到突破口，不妨换一个以前从未尝试过的做法，甚至是那种违背直觉的做法。你越是坚守某种信念，就越可能陷入信念固着的思维盲区。

课后练习

学完了本节的课程，我们一起来思考这样一个问题：如果你的一位同学用胳膊肘撞了你胸口一下，很疼，你坚持认为他是故意的，无论他怎么解释、别人怎么劝说都没用。学了信念固着这个心理学效应之后，你要怎么劝说自己，让自己不要陷入固执中呢？

拒绝信念固着

致　谢

写一本书就像开启一段行程，很开心在《青少年思辨课》这本书的旅途中，我不是一个人在行走。在此，我想对那些给予我支持和帮助的人表达我最深切的谢意。

首先，我要感谢我的合作伙伴唐敏华女士，以及我们团队中的核心成员李舒洋、马佳妮、罗宏琨等。他们的专业精神和不懈努力，是这本书得以问世的基石。我们共同的教育理念和对思辨教育的执着追求，让我们的合作充满了火花和创造力。

此外，我要向所有在青少年教育领域给予我们指导和帮助的行业内外专家致以崇高的敬意。思辨是一门通识课程，跨越了心理学、行为学等多个领域，是你们宝贵的意见和经验，为本书提供了坚实的各个学科支撑，确保了内容的专业性和实用性。

我还要特别感谢多年支持我们的学生和家长们。你们的深度参与、积极提问和真诚反馈，不仅证明了我们的内容契合时代需求，也让我们的课程内容更加贴近大家的实际需求。个体的成长和进步，是我们最大的动力和骄傲。

最后，我要感谢我们的出版团队。这不仅仅是一个出版项目，更是一个由当年《好好说话》的编辑班底精心打造的文化产品。感谢张艳霞主编，是你的真诚邀约，让这本书能够呈现在读者面前；感谢梁媛，是你的专业精神和精湛技艺，让这本书的质量得到了保证，让读者可以放心购买，安心阅读。

《青少年思辨课》的完成，是我们共同努力的成果。我们期待这本书能够成为青少年思辨旅程中的一盏明灯，照亮当代青少年的思维之路，激发他们的思考潜能。

再次感谢每一位读者的陪伴与支持，愿我们共同成长，共创未来。

思辨是什么？
作者
胡渐彪
本质
有章法的思考
看到问题 高效输出 高质量答案
思辨 = 认知力 + 判断力 + 决策力 + 创新力
什么时候开始思辨教育？
没有太早，只有太迟
认知力
对信息的理解和洞察
看出文章背后的意思
读懂言外之意
get!
So easy!
迅速识别考点和难点
判断力
鉴别信息的真伪和对错
大量信息
准确识别出
不靠谱信息
聆听他人对话
判断
逻辑严谨
思考全面
能力如何
决策力
作出最合适的选择的能力
选学校
文理科
择城市
每个选项都有利弊
权衡利弊
作出最佳选择
议论文
分析现象
利
弊
创新力
基于现有信息创造新方法的能力
最好的办法不是二选一
探索
两全其美的方案
日常小创新
解决问题新方法
新尝试